Inácio Ciê

DIREITOS
CONSTITUCIONAIS SOCIAIS DO TRABALHADOR
DE CIDADANIA

OS DIREITOS NOSSOS DE CADA DIA

novembro / 2024

SUMÁRIO

- Do direito a um salário maior por serviço Extraordinário - **CAP. 11**

- Do direito a repouso semanal remunerado - **CAP. 12**

- Do direito a férias - **CAP. 13**

- Do direito de licença à gestante e do salário--maternidade - **CAP. 14**

- Do direito à licença paternidade - **CAP. 15**

- Do direito à proteção do mercado de trabalho da mulher - **CAP. 16**

- Do direito ao aviso prévio - **CAP. 17**

- Do direito à segurança no trabalho - **CAP. 18**

- Do direito a adicional por atividades penosas, insalubres ou perigosas - **CAP. 19**

- Do direito à aposentadoria - **CAP. 20**

- Do direito dos filhos a creches e pré-escolas - **CAP. 21**

- Do direito à proteção do trabalho - **CAP. 22**

- Do direito ao seguro por acidente do trabalho - **CAP. 23**

- Do direito de propor ação trabalhista e de reivindicação
  dos direitos - **CAP. 24**

- Do direito de não ser discriminado pelo empregador - **CAP. 25**

- Do direito de proibição de distinção quanto
  ao tipo de trabalho - **CAP. 26**

- Do direito à associação profissional ou sindical - **CAP. 27**

Referências.

DADOS BIOGRÁFICOS.

APRESENTAÇÃO

Os **Direitos Sociais** do trabalhador, que, igualmente aos Direitos Fundamentais, são direitos essencialmente humanos, estão dispostos nos vários incisos dos artigos 8º e 9º da Constituição Federal, e se travestem em **direitos de cidadania**, haja vista que todo e qualquer cidadão poderá deles se valer para garantir a sua dignidade e estabelecer a CIDADANIA no país. São direitos que os cidadãos podem reivindicá-los individual ou coletivamente a todo momento, não somente em relação às entidades privadas, como perante os órgãos governamentais, de modo administrativo ou através da tutela do Poder Judiciário.

Os **normas constitucionais de cidadania** são ferramentas que viabilizam o exercício pleno da cidadania, em um Estado Democrático de Direito.

Os direitos sociais da classe trabalhadora, ou **Direitos de Cidadania**, ora constitucionalizados pela Carta Magna brasileira, têm como princípio básico assegurar ao cidadão um mínimo de existência digna possível.

Os **Direitos Sociais** estão regulamentados no artigo 6º de nossa Constituição, da seguinte forma:

- direito à educação
- direito à saúde
- direito à alimentação
- direito ao trabalho
- direito à moradia
- direito ao transporte
- direito ao lazer
- direito à segurança
- direito à previdência social
- direito à proteção da maternidade e da infância
- direito de assistência aos desamparados

Saliente-se que é impossível existir cidadania sem que se tenha a proteção da **dignidade humana**. A cidadania é *"o reconhecimento dos indivíduos como pessoas integradas na sociedade estatal"*, no dizer do professor e jurista José Afonso da Silva. Por essa razão, os cidadãos têm seus direitos assegurados na Constituição Federal, para que dessa forma possam assegurar a sua **cidadania** com dignidade.

Não existe cidadania em um país sem que seja garantida a **dignidade da pessoa humana**. E a dignidade aqui falada é o direito do cidadão como trabalhador à proteção do trabalho em todos os sentidos.

(...) não há nação soberana sem que seus integrantes efetivamente exerçam e tenham respeitadas as premissas básicas de sua cidadania, ou seja, **um substrato mínimo de dignidade e respeito aos direitos individuais e sociais** expressamente reconhecidos no texto magno" (in: **Direito Constitucional**. Sylvio Motta e William Douglas. 5a ed. Impetus. 1999. p. 441). (GRIFO NOSSO).

Para os aludidos autores, existe cidadania em **sentido estrito** e em **sentido amplo**:

(...) em sentido estrito, é a qualidade de ser eleitor e, em sentido mais amplo, abrange a inserção da pessoa na sociedade a que pertence, incluindo o vínculo de direitos e deveres entre uma pessoa e o Estado. Cidadão é quem está no gozo dos direitos políticos (...). (Sylvio Motta e William Douglas. Impetus. P. 120. 1999).

De ressaltar que o pleno gozo ou exercício desses direitos serão efetivados em parte pelos órgãos governamentais, tais como a educação e a assistência à saúde (cidadania passiva), e em parte vai depender da atitude a ser tomada pelo próprio cidadão em poder exigir o seu cumprimento pelas entidades públicas e privadas (cidadania ativa). Os direitos por si só não asseguram a dignidade humana, tudo depende da ação do indivíduo para garanti-los.

Portanto, os Direitos Sociais, ou **direitos de cidadania**, elencados no presente trabalho, possibilitam a construção de uma sociedade mais justa, mais humana e mais democrática, podendo, como dito, os cidadãos agirem em conjunto ou individualmente para garanti-los.

Nesse sentido, o discorrido no presente trabalho, restringe-se a uma **visão panorâmica** dos direitos estabelecidos por nossa Carta Política, razão pela qual não tivermos a intenção de esgotar o conteúdo de cada tema estudado, até porque seria impossível, sendo nosso desejo apenas levar ao cidadão desconhecedor do direito, o conhecimento básico dos seus direitos de cidadão para assim exercer bem a sua CIDADANIA.

O texto ora elaborado apresenta uma linguagem de fácil compreensão, fugindo dos jargões jurídicos utilizados pelos operadores do direito (advogados, juízes, promotores, desembargadores, etc), posto que, como dito, destinado aos leigos em matéria de direitos.

O AUTOR

DO DIREITO AO SEGURO-DESEMPREGO [1]

Tem o homem ou a mulher, na condição de cidadão/cidadã, o DIREITO CONSTITUCIONAL, como trabalhador/a, urbano ou rural, ao instituto do SEGURO-DESEMPREGO, quando for desligado ou desligada do trabalho **involuntariamente** (demissão sem justa causa), isto é, contra a sua vontade.

De acordo com as normas contidas no artigo 2º da Lei n. 7.998/1990, e suas posteriores alterações, o programa federal do **seguro-desemprego** tem por finalidade:

- prover **assistência financeira temporária** ao **trabalhador desempregado** em virtude de **dispensa sem justa causa**, inclusive a indireta, e ao trabalhador comprovadamente resgatado de regime de trabalho forçado ou da condição análoga à de escravo.

- auxiliar os trabalhadores na **busca ou preservação do emprego**, promovendo, para tanto, ações integradas de orientação, recolocação e qualificação profissional.

Ainda, em conformidade com as disposições da lei acima referida, somente terá direito à percepção do seguro-desemprego o trabalhador que for **dispensado sem justa causa** que comprove:

- ter recebido salários de **pessoa jurídica** ou de **pessoa física** a ela equiparada, relativos a:

a) pelo menos 12 (doze) meses nos últimos 18 (dezoito) meses imediatamente anteriores à data de dispensa, quando da primeira solicitação;

---

[1] **Fonte legal:** Art. 7º, *caput* e inciso II, da Constituição Federal de 1988, e Lei de n. 7.998, de 11 de janeiro de 1990 (Regula o Programa do Seguro-Desemprego) e Lei de n. 8.278/91 (Regula a Concessão do Seguro-Desemprego a pescadores artesanais durante o período de defeso).

b) pelo menos 9 (nove) meses nos últimos 12 (doze) meses imediatamente anteriores à data de dispensa, quando da segunda solicitação; e

c) cada um dos 6 (seis) meses imediatamente anteriores à data de dispensa, quando das demais solicitações;

- não estar em gozo de qualquer **benefício previdenciário de prestação continuada**, previsto no Regulamento dos Benefícios da Previdência Social, excetuado o **auxílio-acidente** e o **auxílio suplementar** previstos na Lei nº 6.367, de 19 de outubro de 1976, bem como o **abono de permanência em serviço** previsto na Lei nº 5.890, de 8 de junho de 1973;

- não estar em gozo do **auxílio-desemprego**; e

- não possuir **renda própria de qualquer natureza** suficiente à sua manutenção e de sua família.

O trabalhador desempregado receberá o seguro-desemprego por um período variável entre **três** a **cinco** meses, que poderá ser pago de forma **contínua** (mensalmente) ou **alternada** (mês sim, mês não).

Pelo disposto no artigo 7º da Lei retro mencionada, o pagamento do benefício do seguro-desemprego poderá ser **suspenso** se ocorrer uma das seguintes situações:

- admissão do trabalhador em **novo emprego**;

- início de percepção de benefício de prestação continuada da Previdência Social, exceto o **auxílio-acidente**, o **auxílio suplementar** e o **abono de permanência** em serviço;

- início de percepção de **auxílio-desemprego**;

- **recusa injustificada** por parte do trabalhador desempregado em participar de ações de recolocação de emprego.

Pela citada norma jurídica, o cancelamento do seguro-desemprego pode dar-se por uma das seguintes causas:

- pela **recusa** por parte do trabalhador desempregado de **outro emprego** condizente com sua qualificação registrada ou declarada e com sua remuneração anterior;

- por **comprovação de falsidade** na prestação das informações necessárias à habilitação;

- por **comprovação de fraude** visando à percepção indevida do benefício do seguro-desemprego; ou

- por **morte do segurado**.

De ressaltar que, caso o empregador (patrão) promova o desligamento do empregado sob o manto da **justa causa**, mas esta não esteja contemplada em lei, ele, patrão, suportará diretamente o pagamento do seguro-desemprego.

DO DIREITO DE NÃO SER DESPEDIDO ARBITRARIAMENTE DO EMPREGO [2]

Tem o homem ou a mulher, na condição de cidadão/cidadã, o DIREITO CONSTITUCIONAL, como trabalhador/a, urbano ou rural, à proteção da relação de emprego diante da **despedida arbitrária** ou **sem justa causa**, vale dizer, o despedimento do empregado que não está baseado em fundamentos legais, como, por exemplo: embriaguez constante no trabalho, condenação criminal sofrida, mau procedimento ofensivo à moral e aos bons costumes, abandono de emprego, ofensas físicas ao empregador, aos colegas ou clientes no trabalho, etc.

Cabe destacar que o empregado pode ser despedido também involuntariamente por motivo de natureza econômica, isto é, insolvência da empresa, ou fechamento de um dos estabelecimentos ou filiais da empresa, razão pela qual ele, empregado, será compensado pelos prejuízos sofridos (indenização trabalhista).

Todo trabalhador urbano ou rural não poderá ser evacuado do seu posto de trabalho de forma injusta e sumária, caso isso aconteça o patrão será penalizado de acordo com a lei, devendo com isso pagar ao trabalhador uma **indenização**, a exemplo, cite-se a multa de 40% sobre o depósito ou saldo do Fundo de Garantia, como compensação ao empregado pela demissão forçada.

A proteção contra a despedida do empregado do seu posto de trabalho sem motivação de ordem legal, ou seja, arbitrária ou injusta, é uma forma de segurança no emprego reconhecida pela Constituição Federal, acarretando indenização compensatória, a ser feita pelo empregador (patrão), nos termos da lei.

De ressaltar que a despedida sem motivação do empregado pode caracterizar dois tipos de indenização: uma, de natureza trabalhista, em razão da **despedida involuntária** (demissão sem justa causa), com base na legislação do trabalho (CLT), denominada de **indenização trabalhista**; e outra, por **abuso de direito** (demissão arbitrária), denominada de **indenização por danos morais**, em

---

[2] **Fonte legal:** Art. 7º, *caput* e inciso I, da Constituição Federal de 1988, e artigos da Lei n. 8.036/90 (Lei do Fundo de Garantia do Tempo de Serviço).

conformidade com a lei civil (Código Civil), inclusive, com o reconhecimento do direito à reintegração do empregado ao trabalho.

Caso se entenda que houve uma demissão involuntária (sem justa causa) e ao mesmo tempo o empregado sofreu algum tipo de discriminação no trabalho, ou mesmo insinuação pelo empregador de uma falta grave que não chegou a cometer, poderá ajuizar na Justiça do Trabalho uma ação cumulativa, denominada de ação trabalhista com pedido de indenização, objetivando a reparação dos danos trabalhistas e pessoais.

DO DIREITO AO FUNDO DE GARANTIA DO TEMPO DE SERVIÇO [3]

Tem o homem ou a mulher, na condição de cidadão/cidadã, o DIREITO CONSTITUCIONAL, como trabalhador/a, urbano ou rural, ao FUNDO DE GARANTIA DO TEMPO DE SERVIÇO – FGTS, que é um depósito bancário que o patrão faz mensalmente na conta do referido fundo na importância equivalente a **8% (oito por cento)** da remuneração paga ao empregado.

O empregador ou patrão está obrigado por lei, a depositar o valor correspondente à **8% (oito por cento)** do FGTS, na conta vinculada do trabalhador, até o **20º (vigésimo) dia de cada mês**.

Consoante esclarece a Lei n. 8.036/90, para todos os efeitos legais, considera-se **empregador** a pessoas **física** ou pessoa **jurídica**, pública (pertencente aos governos federal, estadual, distrital ou municipal) ou privada (particular) que vier a admitir trabalhadores para o atendimento de seus serviços. Enquanto que, empregado é toda pessoa física que prestar serviços ao empregador, locador ou tomador de mão-de-obra, com exceção dos que prestam serviços **eventuais**, trabalham de forma **autônoma** e os **servidores públicos civis e militares** que estão sujeitos a regime jurídico próprio (estatutário).

Quando o empregado for **demitido sem justa causa** (despedido do trabalho sem que tenha pedido para sair), o empregador ficará obrigado a depositar na conta vinculada do FGTS, o equivalente a **40% (quarenta por cento)** sobre o saldo total dos depósitos que foram feitos na conta vinculada do trabalhador durante o contrato de trabalho. Trata-se de uma espécie de penalidade (multa) pela demissão involuntária (forçada) do empregado por culpa exclusiva do patrão.

No entanto, se houver **culpa recíproca** (do empregador e do empregado a um só tempo), ou até mesmo se a demissão se der por **força maior** (circunstância alheia à vontade do empregador), e

---

[3] **Fonte legal:** Art. 7º, *caput* e inciso III, da Constituição Federal de 1988, e artigos da Consolidação das Leis do Trabalho – CLT, e artigos da Lei n. 8.036/90 (Lei do Fundo de Garantia).

reconhecida pela Justiça do Trabalho, a multa acima se dará pela metade, ou seja, será de apenas **20% (vinte por cento)** sobre o saldo do FGTS.

Pelas disposições legais contidas na Lei n. 8.036/90 (Lei do Fundo de Garantia), dentre outras hipóteses, o empregado poderá ainda movimentar, ou seja, retirar os valores correspondentes ao FGTS, nos seguintes casos:

- se houver despedida sem justa causa, inclusive a indireta, de culpa recíproca e de força maior.

- se houver extinção do contrato de trabalho, nos termos da lei.

- se houver extinção total da empresa, fechamento de quaisquer de seus estabelecimentos, filiais ou agências, supressão de parte de suas atividades.

- se ocorrer o falecimento do empregador individual.

- sempre que qualquer dessas ocorrências implique **rescisão de contrato de trabalho**, comprovada por declaração escrita da empresa, suprida, quando for o caso, por decisão judicial transitada em julgado.

- se ocorrer a aposentadoria concedida pela Previdência Social.

- se houver o falecimento do trabalhador, sendo o saldo pago a seus **dependentes**, para esse fim habilitados perante a Previdência Social, segundo o critério adotado para a concessão de pensões por morte. Na falta de dependentes, farão jus ao recebimento do saldo da conta vinculada os seus **sucessores** (herdeiros) previstos na lei civil, indicados em **alvará judicial**, expedido a requerimento do interessado, independente de inventário ou arrolamento.

- se houver o pagamento de parte das prestações decorrentes de financiamento habitacional concedido no âmbito do Sistema Financeiro da Habitação (SFH).

- se houver a liquidação ou amortização extraordinária do saldo devedor de financiamento imobiliário, observadas as condições estabelecidas pelo Conselho Curador, dentre elas a de que o financiamento seja concedido no âmbito do SFH e haja interstício mínimo de 2 (dois) anos para cada movimentação.

- se houver o pagamento total ou parcial do preço de aquisição de moradia própria, ou lote urbanizado de interesse social não construído.

- se o trabalhador permanecer três anos ininterruptos fora do regime do FGTS.

- se houver a suspensão total do trabalho avulso por período igual ou superior a 90 (noventa) dias, comprovada por declaração do sindicato representativo da categoria profissional.

- se o trabalhador ou qualquer de seus dependentes for acometido de neoplasia maligna.

- se o trabalhador ou qualquer de seus dependentes for portador do vírus HIV.

- se o trabalhador ou qualquer de seus dependentes estiver em estágio terminal, em razão de doença grave.

- se o trabalhador tiver idade igual ou superior a setenta anos.

- se houver necessidade pessoal, cuja urgência e gravidade decorra de desastre natural, conforme disposto em regulamento, observadas as seguintes condições.

- se o trabalhador com **deficiência**, por prescrição, necessite adquirir órtese ou prótese para promoção de acessibilidade e de inclusão social.

- se o trabalhador ou qualquer de seus dependentes for, nos termos do regulamento, pessoa com doença rara, consideradas doenças raras aquelas assim reconhecidas pelo Ministério da Saúde, que apresentará, em seu sítio na internet, a relação atualizada dessas doenças.

- anualmente, no mês de aniversário do trabalhador.

De destacar que, se por acaso o trabalhador pedir afastamento da empresa onde trabalha em razão de ter que prestar **serviço militar obrigatório** ou por **licença por acidente do trabalho**, o empregador está obrigado a continuar depositando o FGTS, na forma da lei.

DO DIREITO A UM SALÁRIO-MÍNIMO [4]

Tem o homem ou a mulher, na condição de cidadão/cidadã, o DIREITO CONSTITUCIONAL, como trabalhador/a, urbano ou rural, de não receber valor inferior a um SALÁRIO-MÍNIMO como remuneração pelo trabalho.

O salário-mínimo é **fixado em lei** e **unificado** em todo o país, ou seja, com valor único para todo o território nacional, capaz de atender às **necessidades vitais básicas** do trabalhador e de sua família.

No atendimento às **necessidades vitais básicas**, entende a Constituição Federal que o salário-mínimo cobrirá todos os gastos indispensáveis com:

- MORADIA (despesas com aluguel, luz, água, gás, rede de esgotos, iluminação pública, condomínio, etc).

- ALIMENTAÇÃO (despesas com feiras de mercado, açougue e hortifrutigranjeiros).

- EDUCAÇÃO (despesas com livros, fardamentos, calçados, mensalidades, transporte escolar, etc).

- SAÚDE (despesas com médicos, exames laboratoriais e medicamentos, etc).

- LAZER (despesas com passeios, práticas desportivas, associação em clubes, etc).

- VESTUÁRIO (despesas com roupas e calçados dos membros da família, etc).

- HIGIENE (despesas com asseio pessoal e familiar, etc).

- TRANSPORTE (despesas com a locomoção para o trabalho).

---

[4] **Fonte legal:** Art. 7º, *caput* e incisos IV, V, VI e VII, da Constituição Federal de 1988.

- PREVIDÊNCIA SOCIAL (despesas com encargos previdenciários para efeito de futura aposentadoria).

Como se pode observar o atual **salário-mínimo**, apesar de **reajustado anualmente** com base na inflação, não passa de uma escandalosa fantasia quando comparado com o que estabelece o texto constitucional, já que em realidade muito mal atende os gastos com a **alimentação da família**. Portanto, o preceito constitucional é **letra morta**, já que em termos prático não funciona.

De ressaltar que o trabalhador não pode ter o seu salário reduzido de forma unilateral pelo empregador (patrão), pois, somente por meio de **convenção ou acordo coletivo** (negociação formulada entre patrão e empregados) é que poderá haver a **redução na remuneração** do empregado. Portanto, decorre da **autonomia de vontades** oriunda de comum acordo entre as partes. Não havendo óbice legal para o ajuste bilateral entre patrão e empregado. No entanto, a referida redução nunca poderá ser inferior ao salário-mínimo.

É direito também do empregado ter **piso salarial proporcional** à **extensão** (duração da jornada de trabalho) e à **complexidade do trabalho** (trabalhos complicados, insalubres, perigosos, etc). Quanto mais horas trabalhadas e mais dificultoso ou penoso for o trabalho, mais bem remunerado deve ser o empregado. Como hipótese, mencione-se que não se deve comparar o tipo de trabalho de um trabalhador que tem ocupação laborativa numa das plataformas de extração e produção de petróleo no alto mar, com o de um trabalhador que tem a sua atividade num escritório da Petrobrás numa das capitais do país. São duas realidades que a lei tem por obrigação de diferenciar, sob pena de cometer injustiça.

Ademais, se o empregado receber **remuneração variável**, ou seja, de acordo com a produção ou venda de produtos, por exemplo, não pode receber menos de **um salário-mínimo**, ainda que a produção tenha sido ínfima ou as vendas tenham sido menos do que o esperado durante o mês trabalhado, haja vista que o empregado passou todo o período de trabalho à disposição do empregador.

DO DIREITO AO DÉCIMO TERCEIRO SALÁRIO [5]

Tem o homem ou a mulher, na condição de cidadão/cidadã, o DIREITO CONSTITUCIONAL, como trabalhador/a, urbano ou rural, a um salário a mais do que os percebidos durante todo o ano, denominado DÉCIMO TERCEIRO SALÁRIO, chamado também de **gratificação natalina**, que deverá ser pago até o dia **vinte** do mês de **dezembro** do ano trabalhado.

Cabível informar que o **décimo terceiro salário** deve ser INTEGRAL, isto é, deve ser igual ao salário normal ou valor total que o empregado recebe mensalmente da empresa. Não podendo de forma alguma haver qualquer redução, além dos descontos normais dos valores referentes aos **encargos previdenciários** (do INSS ou outro órgão, público ou privado).

Para os trabalhadores que já se aposentaram, o décimo terceiro salário será igual aos **provimentos de aposentadoria**, ou seja, equivalente à mesma quantia percebida mensalmente da Previdência Social (INSS) pelo beneficiário.

O décimo terceiro salário é uma OBRIGAÇÃO CONSTITUCIONAL, e o não pagamento dele ao empregado acarreta MULTA ao empregador (patrão). No entanto, a multa é paga ao Ministério do Trabalho, e não ao empregado.

Se houver **reincidência**, isto é, repetição do **não pagamento** do décimo terceiro ao empregado, o valor da multa será aplicado em **dobro**.

Oportuno frisar que o décimo terceiro salário poderá ser pago ao empregado de forma **parcelada**, desde que antes da data limite para o seu pagamento. Como exemplo, cite-se o caso de o patrão poder pagar metade dele em qualquer mês do ano, até o mês de **novembro**, e a outra metade em **dezembro**.

---

[5] **Fonte legal:** Art. 7º, *caput* e inciso VIII, da Constituição Federal de 1988.

DO DIREITO À REMUNERAÇÃO PELO TRABALHO NOTURNO [6]

Tem o homem ou a mulher, na condição de cidadão/cidadã, o DIREITO CONSTITUCIONAL, como trabalhador/a, urbano ou rural, de perceber um **salário maior** pelo trabalho realizado no período da noite, em relação ao trabalho executado durante o dia. A remuneração do trabalho noturno será sempre superior à do diurno.

Se o empregado recebe simultaneamente pelo trabalho **diurno** (salário) e **noturno** (valor a mais sobre o salário), este último valor é denominado de ADICIONAL NOTURNO, ou seja, cogita-se de um acréscimo sobre o seu salário de, no mínimo, **20%** (vinte por cento), para o **trabalhador urbano** e **25%** (vinte e cinco por cento), para o **trabalhador rural**.

O **adicional noturno** tem por finalidade recompensar o trabalhador pelo desgaste físico e mental sofrido durante a execução do seu trabalho, haja vista que em tal período o trabalhador deveria estar repousando, e não, trabalhando.

Cabe destacar que, tratando-se de adicional noturno, o mesmo será pago ao empregado junto com o pagamento do seu salário, pelo empregador, sendo certo que, para todos os efeitos, sobre ele incide os cálculos para o depósito ou pagamento do FGTS, férias, terço de férias, décimo terceiro salário e outros direitos.

No entanto, se ele, trabalhador, trabalha somente à noite, o que recebe pelo trabalho não é um adicional, e sim, um **salário**, e este também deve ser **superior** ao salário que o empregado receberia se trabalhasse na mesma função durante o dia.

Considera-se **trabalho noturno** o que é realizado entre às **22 horas** de um dia às **5 horas** do dia seguinte.

---

[6] **Fonte legal:** Art. 7º, *caput* e inciso IX, da Constituição Federal de 1988, e artigo 73, § 1º a 5º da Consolidação das Leis do Trabalho – CLT.

O trabalho noturno para quem trabalha no campo é considerado realizado entre às **21 horas** de um dia às **5 horas** do dia seguinte, se o trabalho se der na LAVOURA. Caso o empregado trabalhe na PECUÁRIA, considera-se, para efeito de trabalho noturno, o realizado entre às **20 horas** de um dia às **4 horas** do dia seguinte.

Tem o homem ou a mulher, na condição de cidadão/cidadã, o DIREITO CONSTITUCIONAL, como trabalhador/a, urbano ou rural, à **proteção** contra a RETENÇÃO ilegal do seu salário, vale esclarecer, de não ver sua remuneração retida (presa) pelo empregador, ou qualquer pessoa física (indivíduo) ou jurídica (empresa).

A **retenção do salário** acarreta uma ILEGALIDADE, pior, flagrante **inconstitucionalidade**, pois a Constituição Federal não permite, por hipótese alguma, a privação do salário do empregado, inclusive, do servidor público de qualquer esfera de governo, nem mesmo para quitar uma dívida devida por ele, empregado.

Se no decorrer do **contrato de trabalho** o empregado se ausentar de suas atividades laborativas (trabalho), pode haver o **desconto** dos dias que faltou; inobstante em algumas situações, se se tratar de **faltas justificadas**, mesmo faltando ao trabalho, o empregador não pode efetuar a redução no seu salário, vez que vedada por lei.

São consideradas **faltas justificadas**, e desse modo, a legislação trabalhista (artigo 473 da CLT) acoberta o trabalhador, não podendo haver, portanto, nenhum desconto do salário, nas seguintes situações:

- **até 2 (dois) dias consecutivos**, em caso de falecimento do cônjuge, ascendente, descendente, irmão ou pessoa que, declarada em sua carteira de trabalho e previdência social, viva sob sua dependência econômica.

- **até 3 (três) dias consecutivos**, em virtude de casamento.

- **por cinco dias consecutivos**, em caso de nascimento de filho (o prazo será contado a partir da data de nascimento do filho).

---

[7] **Fonte legal:** Art. 7º, *caput* e inciso X, da Constituição Federal de 1988, e artigo 473, da Consolidação das Leis do Trabalho – CLT.

- **por um dia**, a cada 12 (doze) meses de trabalho, em caso de doação voluntária de sangue devidamente comprovada.

- **até 2 (dois) dias consecutivos ou não**, para o fim de se alistar eleitor, nos termos da lei respectiva.

- **no período de tempo em que tiver de cumprir as exigências do Serviço Militar**, referidas na letra "c" do art. 65 da Lei nº 4.375, de 17 de agosto de 1964 (Lei do Serviço Militar).

- **nos dias em que estiver comprovadamente realizando provas de exame vestibular** para ingresso em estabelecimento de ensino superior.

- **pelo tempo que se fizer necessário**, quando tiver que comparecer a juízo.

- **pelo tempo que se fizer necessário**, quando, na qualidade de representante de entidade sindical, estiver participando de reunião oficial de organismo internacional do qual o Brasil seja membro.

- **dispensa do horário de trabalho pelo tempo necessário** para acompanhar sua esposa ou companheira em até seis consultas médicas, ou exames complementares, durante o período de gravidez.

- **por 1 (um) dia por ano** para acompanhar filho de até 6 (seis) anos em consulta médica.

- **até 3 (três) dias**, em cada 12 (doze) meses de trabalho, em caso de realização de exames preventivos de câncer devidamente comprovada.

Não é raro, as instituições bancárias costumam reter o **salário**, **provento** ou **valores** depositados em conta-corrente ou poupança dos seus clientes, de forma **integral**, em razão de o mesmo se encontrar em situação de **inadimplência**, sempre sob a alegação de que consta nas cláusulas contratuais do empréstimo a **autorização** para o efetivo desconto na sua integralidade.

A **retenção integral** de salário, provento ou depósitos existentes em contas bancárias (conta-corrente ou caderneta de poupança), nesse caso, até o limite de **quarenta salários mínimos**, é considerada pela Justiça como prática abusiva, ou seja, **ilegal** e **inconstitucional**, vez que pela legislação (Lei n. 10.820/2003) somente pode ser descontado do cliente devedor até a importância de **30% (trinta por cento)** sobre os saldos depositados pelo correntista a título de salário, ainda que conste do contrato de empréstimo **autorização** por ele, correntista. Tem sido esse o entendimento do Superior Tribunal de Justiça – STJ, que tem determinado a **devolução** dos valores bloqueados acima do percentual supra referido, pelas instituições financeiras.

De ressaltar que a depender da situação poderá haver a condenação da instituição bancária também em **danos morais** pela prática vedada da retenção salarial.

No que alude aos servidores públicos em geral, além da vedação quanto à retenção salarial, também são **impenhoráveis** os seus vencimentos, em razão de dívidas, consoante norma contida no Código de Processo Civil (inciso IV do artigo 833/CPC).

Como se sabe, a **penhora** é a apreensão judicial de bens móveis e imóveis, assim como, de **dinheiro**, para pagamento de dívidas. Contudo, o salário e proventos dos servidores estão protegidos pela lei quanto à penhora dos mesmos para pagamento de dívidas.

Estabelece o inciso IV do artigo 833 do Código de Processo Civil:

Art. 833. São **impenhoráveis**:

IV - os vencimentos, os subsídios, os soldos, os salários, as remunerações, os proventos de aposentadoria, as pensões, os pecúlios e os montepios, bem como as quantias recebidas por liberalidade de terceiro e destinadas ao sustento do devedor e de sua família, os ganhos de trabalhador autônomo e os honorários de profissional liberal. (GRIFO NOSSO).

De perceber que até mesmo as quantias depositadas em conta bancária do devedor, e que forem depositadas por **terceiros** (pais, filhos, esposa, esposo, irmãos, amigos, etc), desde que destinadas à manutenção dele, devedor, e da família, não podem ser penhoradas para pagamento de dívidas.

DO DIREITO DE PARTICIPAÇÃO NO LUCRO E NA GESTÃO DA EMPRESA [8]

Tem o homem ou a mulher, na condição de cidadão/cidadã, o DIREITO CONSTITUCIONAL, como trabalhador/a, urbano ou rural, de **participar dos lucros** da empresa na qual trabalha. Essa participação é **desvinculada do salário normal** do empregado, isto é, o empregado a recebe por fora do seu salário.

Cabe observar que se trata de **gratificações** ou **comissões** incidentes sobre o lucro da empresa, e somente ocorre nas **empresas privadas** (particulares), jamais nas empresas públicas de propriedade da União, dos Estados, do Distrito Federal e dos Municípios, haja vista que o serviço prestado por estes entes tem por objetivo servir à nação, e não a obtenção de lucros.

No tocante à **gestão na empresa**, uma vez tendo sido escolhido (eleito) pelos demais empregados da empresa, para algum cargo de administração no respectivo sindicato ou representação da categoria (associação), o empregado contemplado com a escolha não poderá ser impedido de exercer as suas funções pelos dirigentes da empresa na qual trabalha, muito menos ser transferido para lugar em que se dificulte ou impossibilite as suas atividades ou atribuições sindicais.

De acordo com o disposto no artigo 543, § 2º, da CLT, considera-se de **licença não remunerada**, salvo **assentimento da empresa** ou **cláusula contratual**, o tempo em que o empregado se ausentar do trabalho no desempenho de funções sindicais.

Ademais, é vedada a **dispensa** do empregado sindicalizado ou associado, a partir do momento do registro de sua candidatura a cargo de direção ou representação de entidade sindical ou de associação profissional. Essa proibição estende-se **até um ano após o final do seu mandato**, se vier a ser eleito, inclusive como suplente, havendo exceção se o empregado cometer alguma **falta grave** devidamente apurada.

---

[8] **Fonte legal:** Art. 7º, *caput* e inciso XI, da Constituição Federal de 1988, e artigos 543 e 621, da Consolidação das Leis do Trabalho – CLT.

De ressaltar que a empresa que tentar impedir o empregado de se **associar ao seu sindicato**, de **organizar associação profissional**, ou de **exercer os seus direitos, como sindicalizado**, será devidamente penalizada e ainda sujeita a reparar os prejuízos causados ao empregado, nos termos da lei (CLT).

DO DIREITO AO SALÁRIO-FAMÍLIA [9]

Tem o homem ou a mulher, na condição de cidadão/cidadã, o DIREITO CONSTITUCIONAL, como trabalhador/a, urbano ou rural, de receber da empresa onde trabalha, mensalmente, uma importância denominada SALÁRIO-FAMÍLIA, por cada um dos seus **dependentes** (filhos menores de idade, nascidos ou adotados durante o vínculo empregatício), desde que o cidadão esteja enquadrado como **trabalhador de baixa renda**.

Portanto, o **salário-família** é um benefício previdenciário pago ao empregado de baixa renda, até mesmo ao empregado doméstico e ao trabalhador avulso, em relação à quantidade de **filhos menores de quatorze anos** ou **filhos maiores com deficiência**, do empregado.

O salário-família deve ser solicitado pelo empregado diretamente ao **empregador** (patrão). No entanto, o **trabalhador avulso** deve pedir o benefício ao seu sindicato, ou ao órgão gestor de mão-de-obra ao qual se encontra vinculado.

Ademais, os empregados que já estejam aposentados, e empregados que estejam recebendo algum benefício (exemplo: auxílio-doença) da Previdência Social (INSS), devem pedir o salário-família diretamente ao próprio INSS.

Relevante assinalar que, se os **enteados** forem **dependentes econômicos** do empregado e tenham idade inferior a quatorze anos, ou mesmo sendo maiores e forem portadores de alguma deficiência, o empregado terá direito de recebê-lo também.

O salário-família é pago pela própria **empresa** na qual trabalha o empregado, e os valores liberados por ela (empresa) serão **compensados** pela Previdência Social (INSS) no momento do recolhimento da contribuição do empregado. Já em relação ao **trabalhador avulso** quem paga é o sindicato ou órgão gestor de mão de obra.

---

[9] **Fonte legal:** Art. 7º, *caput* e inciso XII, da Constituição Federal de 1988, e artigo 12 da Consolidação das Leis do Trabalho - CLT e artigos da Lei de n. 4.266/63, e Decreto n. 53.153/63 e Lei de n. 5.559/68.

O direito ao recebimento do salário-família encerra-se quando ocorrer uma das seguintes situações:

- o dependente (filho) menor completar a idade de **quatorze anos**, a partir do mês seguinte à data de aniversário.

- o dependente (menor ou maior deficiente) vier a falecer.

- houver a recuperação da capacidade do dependente com deficiência (maior de quatorze anos), desde o mês seguinte ao fim da incapacidade.

No que diz respeito aos aposentados ou empregados que estejam recebendo benefícios da Previdência Social, o salário-família é pago junto com os proventos da aposentadoria, ou no momento do pagamento dos valores do benefício mensalmente.

DO DIREITO À JORNADA DE TRABALHO [10]

Tem o homem ou a mulher, na condição de cidadão/cidadã, o DIREITO CONSTITUCIONAL, como trabalhador/a, urbano ou rural, de não trabalhar mais do que **oito horas por dia** e **quarenta e quatro horas por semana**.

De ressaltar que poderá haver a **compensação de horário** de trabalho, bem como, de **turnos de revezamento**, assim como ocorrer a **alteração na jornada de trabalho**, desde que tenha havido previamente um acordo ou convenção entre trabalhadores e patrão.

Ressalte-se, contudo, que a **reforma trabalhista** implementada pela Lei n. 13.647/2017, promoveu substanciais alterações na relação de emprego, inclusive, na jornada de trabalho.

Em relação à jornada de trabalho, independente do período de trabalho definido na Constituição e na CLT, a empresa pode, em conformidade com o citado diploma legal (Lei n. 13.647/2017), estabelecer a organização de uma **escala de trabalho**, promovendo a divisão da atividade laborativa da seguinte forma:

- **Escala 1 - (5X1):** a cada **cinco** dias de trabalho, o empregado tem direito a folgar **um dia**.

- **Escala 2 - (5X2):** a cada **cinco** dias de trabalho, o empregado tem direito a folgar **dois dias** (seguidos ou alternados).

- **Escala 3 - (4X2):** a cada **quatro** dias de trabalho consecutivos, em turnos de **onze** horas, o empregado tem direito a folgar **dois dias**.

- **Escala 4 - (6X1):** a cada **seis** dias de trabalho consecutivos, o empregado tem direito a folgar **um dia**.

- **Escala 5 - (12X36):** a cada **doze** horas de trabalho consecutivos, o empregado tem direito a folgar **trinta e seis** horas (trata-se de **jornada especial**, em razão de trabalho que não pode ser interrompido em um determinado tempo). Esse regime é estabelecido

---

[10] **Fonte legal:** Art. 7º, *caput* e inciso XIII e XIV, da Constituição Federal de 1988, e artigos 57, e seguintes e 224 da Consolidação das Leis do Trabalho – CLT.

por meio de **acordo ou convenção coletiva** de trabalho, não estando, portanto, regulamentado pela legislação trabalhista (CLT).

- **Escala 6 - (18X36):** a cada **dezoito** horas de trabalho consecutivos, o empregado tem direito a folgar **trinta e seis** horas.

- **Escala 7 - (24X48):** a cada **vinte e quatro** horas de trabalho, o empregado tem direito a folgar **quarenta e oito** horas.

Ademais, em conformidade com a citada reforma trabalhista, implantada pela Lei n. 13.647/2017, a jornada de trabalho terá **intervalos** a serem obedecidos da seguinte forma:

- de **quinze minutos**, se a jornada for de apenas **seis horas diárias**.

- de no mínimo **sessenta minutos** e máximo de **duas horas**, se a jornada for superior a **seis horas diárias**.

O **intervalo** é um período de tempo destinado a **almoço** ou **descanso** do trabalhador, não podendo a empresa lhe negar esse direito, sob pena de ser penalizada de acordo com a legislação trabalhista.

De destacar que o trabalhador tem o direito de não trabalhar além do tempo de **seis horas**, na realização de **trabalho em turnos ininterruptos de revezamento**, ou seja, em trabalho realizado nos turnos da manhã, tarde ou noite, com substituição de uma equipe de trabalho por outra, após cada turno **sem que haja interrupção**, melhor dizendo, sem paralisação das atividades laborativas.

No trabalho de turnos ininterruptos de revezamento a empresa necessita executar as tarefas durante **vinte e quatro** horas por dia, em razão de não poder parar. Daí necessitando do revezamento em turnos dos empregados na atividade laborativa executada.

Nesse caso, não há uma jornada fixa de trabalho, pois as equipes de trabalhadores são divididas de acordo com o horário estabelecido pela empresa para os turnos da manhã, tarde e noite, muitas vezes entrando pela madrugada, para qualquer dia da semana.

Para a execução do sobredito trabalho, a empresa estabelece uma **escala de revezamento**, não podendo o empregado trabalhar em mais de uma jornada ou turno. O empregado tem direito às horas de descanso entre um turno e outro.

Na escala de revezamento, o empregado pode trabalhar no seguinte horário:

- das **doze** horas (meia-noite) às **seis** da manhã.

- das **seis** da manhã às **doze** horas (meio-dia).

- das **doze** horas (meio-dia) às **dezoito** horas.

- das **dezoito** horas às **doze** horas (meia-noite).

O empregado, nessa modalidade de trabalho, deve trabalhar somente **seis horas** por dia durante **seis dias** da semana, com carga-horária semanal máxima de **trinta e seis horas**.

Assim também, o empregado com trabalho de turno de revezamento, tem direito a fazer **horas extras**, desde que não ultrapasse o tempo de **duas horas** diárias, com remuneração de no mínimo **cinquenta por cento** a mais do valor da hora normal.

DO DIREITO A UM SALÁRIO MAIOR POR SERVIÇO EXTRAORDINÁRIO [11]

Tem o homem ou a mulher, na condição de cidadão/cidadã, o DIREITO CONSTITUCIONAL, como trabalhador/a, urbano ou rural, de ser remunerado, no mínimo, com **cinquenta por cento** a mais do que recebe na prestação do serviço por hora normal de trabalho, caso exceda as suas atividades laborativas em **horas-extras**.

Por **hora-extra** entende-se a hora excedente trabalhada, isto é, aquela que o trabalhador executa fora da jornada normal de trabalho, vale dizer, a que vai além da estipulada no **contrato de trabalho** (CTPS).

Como se depreende, não há óbice que o empregado receba por **serviços extraordinários** acima do percentual legal estabelecido de **cinquenta por cento**, em relação à **hora normal de trabalho** prestado. Haja vista que o percentual de cinquenta por cento é o mínimo que o empregado tem direito pelas **horas extras** trabalhadas. O patrão não está legalmente impedido de pagar um valor superior ao quantitativo acima citado.

A título de exemplo, e trocando em miúdos, se um trabalhador recebe 10,00 (dez reais) por **hora normal** de trabalho, e trabalha nas horas de folga (como excedentes ou horas-extras), receberá um ADICIONAL de 50% (cinquenta por cento) sobre os dez reais, ou seja, o empregado passará a receber a quantia de **5,00 (cinco reais)** a mais por cada hora-extra de serviço executado.

O direito de receber a mais por horas-extras de trabalho é assegurado, não somente pela Constituição Federal, mas também por leis ordinárias, a exemplo da consolidação das leis trabalhistas, a chamada CLT.

Em conformidade com as normas da CLT, as horas normais de trabalho não podem ultrapassar **oito horas** diárias e nem de **quarenta e quatro** semanais. Qualquer atividade laborativa que exceda esse tempo de trabalho será considerada HORA-EXTRA, a merecer o

---

[11] **Fonte legal:** Art. 7º, *caput* e inciso XVI, da Constituição Federal de 1988, e artigos 57, e seguintes e 224 da Consolidação das Leis do Trabalho – CLT.

desembolso pelo empregador (patrão) de **cinquenta por cento** a mais do que recebe o empregado.

Outrosmais, consoante determina a CLT, no seu artigo 59, as horas-extras têm um limite diário de **duas horas**, não podendo por hipótese alguma o trabalhador ultrapassar esse limite. Ele pode, portanto, trabalhar até duas horas a mais por dia; nunca além desse tempo. Inclusive, tem que haver antecipadamente a formalização de um ACORDO COLETIVO ou CONTRATO com a empresa na qual trabalha.

De ressaltar que é do entendimento do Tribunal Superior do Trabalho – TST, que o não pagamento de horas-extras ao trabalhador pelo empregador acarreta FALTA GRAVE, dando motivos relevantes para a RESCISÃO INDIRETA do contrato de trabalho.

DO DIREITO A REPOUSO SEMANAL REMUNERADO [12]

Tem o homem ou a mulher, na condição de cidadão/cidadã, o DIREITO CONSTITUCIONAL, como trabalhador/a, urbano ou rur, de poder repousar durante **um dia** a cada semana de trabalho, devidamente remunerado.

Pelas disposições legais consignadas na Lei n. 605/1949, todo empregado, inclusive os trabalhadores rurais, com exceção daqueles que trabalham em regime de **parceria** ou **meação**, tem direito a um descanso semanal remunerado de **vinte e quatro horas** consecutivas.

Pelo mencionado diploma legal, o referido repouso é remunerado e poderá cair em qualquer dia da semana, com **preferência aos domingos**. É o que estabelece a redação do artigo 1º da sobredita Lei n. Lei n. 605/1949:

Art. 1º Todo empregado tem direito ao repouso semanal remunerado de **vinte e quatro horas** consecutivas, **preferentemente aos domingos** e, nos limites das exigências técnicas das empresas, nos feriados civis e religiosos, de acordo com a tradição local.

No entanto, de ressaltar que a preferência aos domingos deixou de existir com as mudanças dadas ao aludido diploma legal pela Medida Provisória 905/2019, que teve a sua vigência **encerrada**, voltando a viger a preferência aos domingos reconhecida anteriormente à citada MP norma legal acima citada.

De frisar que mesmo durante a supressão legislativa pela MP acima mencionada, o direito **preferência aos domingos** continuou existindo na Constituição Federal, considerando que ela não foi modificada nesse sentido. É o que se depreende do seu artigo 7º, inciso XV:

---

[12] **Fonte legal:** Art. 7º, *caput* e inciso XV, da Constituição Federal de 1988, e artigo 62 da Consolidação das Leis do Trabalho – CLT e artigos da Lei n. 605, de 5 de janeiro de 1949.

Art. 7º São direitos dos trabalhadores urbanos e rurais, além de outros que visem à melhoria de sua condição social:

....

XV - repouso semanal remunerado, **preferencialmente aos domingos**; (grifo nosso)

O **repouso semanal remunerado** é uma garantia de todos os empregados, até mesmo dos que prestam serviço de natureza não econômica a uma **pessoa**, ou mesmo à uma **família**, em suas respectivas residências.

De ressaltar que antes os **empregados domésticos** não tinham esse direito, no entanto, a Lei 11.324/2006 revogou o dispositivo legal que proibia que esses empregados pudessem ter a garantia do repouso semanal remunerado.

Anote-se que as disposições da Lei n. 605, de 5 de janeiro de 1949, não se aplicam:

- aos **funcionários públicos** da União, dos estados e dos municípios e aos respectivos extranumerários em serviço nas próprias repartições.

- aos **servidores de autarquias paraestatais**, desde que sujeitos a regime próprio de proteção ao trabalho que lhes assegure situação análoga à dos **funcionários públicos**.

Portanto, o direito de repouso semanal remunerado, para os servidores públicos em geral, dá-se apenas aos **domingos**.

Torna-se importante frisar que o empregado **não tem direito à remuneração** durante o repouso semanal, caso não tenha trabalhado durante a semana antecedente de forma **integral**, e não apresente um motivo plausível (casamento, enfermidade, acidente, etc), que justifique a sua ausência ao trabalho durante os dias da semana anterior.

Segundo o artigo 7º da Lei n. 605, de 5 de janeiro de 1949, a remuneração do repouso semanal corresponderá:

a) para **os que trabalham por dia, semana, quinzena ou mês**, à de um dia de serviço, computadas as horas extraordinárias habitualmente prestadas;

b) para **os que trabalham por hora**, à sua jornada norma de trabalho, computadas as horas extraordinárias habitualmente prestadas;

c) para **os que trabalham por tarefa ou peça**, o equivalente ao salário correspondente às tarefas ou peças feitas durante a semana, no horário normal de trabalho, dividido pelos dias de serviço efetivamente prestados ao empregador;

d) para **o empregado em domicílio**, o equivalente ao quociente da divisão por 6 (seis) da importância total da sua produção na semana.

Os empregadores (patrões) ou empresas que não assegurarem o direito ao repouso semanal remunerado ao trabalhador, poderão ser punidos com **multa** pelos órgãos competentes do Ministério do Trabalho ou da Justiça do Trabalho.

DO DIREITO A FÉRIAS [13]

Tem o homem ou a mulher, na condição de cidadão/cidadã, o DIREITO CONSTITUCIONAL, como trabalhador/a, urbano ou rural, de descansar durante **trinta dias consecutivos** a cada **doze meses** (um ano) de atividade no serviço, com **remuneração integral**, ou seja, com direito a receber o salário que recebe do empregador (patrão) mensalmente, menos os valores referentes a hora-extras e os descontos para a Previdência Social (INSS).

As férias do empregado dizem respeito ao chamado **período aquisitivo**, ou seja, o tempo que corresponde aos meses de vigência do contrato de trabalho, que não se confunde com os **doze meses de trabalho**. Esmiuçando o discorrido acima, se o contrato foi firmado em **3 de janeiro de 2022**, mas o empregado só começou a trabalhar em 5 março de 2022, ele terá direito ao gozo de férias a partir de **3 de janeiro de 2023** (data em que completa o período aquisitivo), quando houve então o início da vigência do contrato. É o que reza o artigo 130 da Consolidação das Leis do Trabalho – CLT.

Pelo citado artigo 130 da CLT, a quantidade de dias de férias do empregado, é de acordo com a quantidade de dias trabalhados:

Art. 130 - Após cada período de 12 (doze) meses de vigência do contrato de trabalho, o empregado terá direito a férias, na seguinte proporção:

I - **30 (trinta) dias corridos**, quando não houver faltado ao serviço mais de 5 (cinco) vezes;

II - **24 (vinte e quatro) dias corridos**, quando houver tido de 6 (seis) a 14 (quatorze) faltas;

III - **18 (dezoito) dias corridos**, quando houver tido de 15 (quinze) a 23 (vinte e três) faltas;

IV - **12 (doze) dias corridos**, quando houver tido de 24 (vinte e quatro) a 32 (trinta e duas) faltas.

---

[13] **Fonte legal:** Art. 7º, *caput* e inciso XVII, da Constituição Federal de 1988, e artigos 129, 142 e 143 da Consolidação das Leis do Trabalho – CLT.

Uma vez tendo completado o **período aquisitivo** (doze meses do contrato de trabalho), o empregado já pode pedir suas férias ao patrão.

Atualmente, o empregado, em acordo com o empregador, pode parcelar as suas férias em **três vezes** durante o ano, depois do período aquisitivo, não podendo uma das parcelas dos dias de gozo ser menor do que **quatorze dias** e as demais parcelas não podem ser inferiores a **cinco dias** corridos.

O período de férias é pago ao empregado **dois dias** antes de o

mesmo entrar no início de seu gozo, juntamente com **um terço a mais** do seu salário. Se o empregador não cumprir esse prazo poderá ser multado com o pagamento em **dobro** ao empregado.

Saliente-se que havendo rescisão (rompimento) do contrato de trabalho antes de completar um ano de atividade laborativa, terá o empregado o direito a receber em dinheiro as suas férias, como também, o terço das férias, de forma proporcional ao tempo trabalhado na empresa.

Se o empregado tiver interesse, poderá vender parte de suas férias ao patrão, se este também tiver interesse em comprá-la. No entanto, ele só poderá vender apenas **dez dias** dos trinta dias que tem direito. Nesse caso, a lei preserva a saúde do trabalhador, com o seu restabelecimento físico-mental durante os dias de descanso a que tem direito. O patrão jamais poderá exigir que o empregado lhe venda parte das férias. É um direito do empregado vender ou não parte de suas férias.

De ressaltar que a Consolidação das Leis do Trabalho veda qualquer **desconto** no salário do trabalhador, no decorrer do período de férias, em razão de faltas ao trabalho.

Ademais, o período de férias será computado (registrado) para efeito de contagem para o tempo de aposentadoria.

O empregado pode optar por vender parte de suas férias ao patrão, de acordo com a lei. Caso isso aconteça, o período de férias vendido deverá ser devidamente pago pelo empregador antecipadamente, ou seja, antes do empregado entrar no gozo dos dias que restam das férias de trinta dias.

DO DIREITO DE LICENÇA À GESTANTE E DO SALÁRIO MATERNIDADE [14]

Tem a mulher, na condição de cidadã, o DIREITO CONSTITUCIONAL, como trabalhadora, urbana ou rural, estando em estado de gravidez, ou nas situações enquadradas na lei (tenha feito uma adoção ou guarda de menor), a CENTO E VINTE DIAS DE LICENÇA, sem perda do emprego, período este denominado de **licença-maternidade**. No decorrer da licença-maternidade, a mulher tem o direito, ao se afastar do trabalho, ao reembolso de um salário denominado **salário-maternidade**.

O **salário-maternidade** é um benefício pago à mulher que se afasta de suas atividades laborativas (trabalho) por um dos seguintes motivos:

- nascimento de filho
- ocorrência de aborto não criminoso
- adoção de alguma criança
- guarda judicial de menor para fins de adoção

Consoante dito, a licença-maternidade dá direito ao recebimento do salário respectivo pelo período de afastamento do trabalho, garantido tanto a **trabalhadoras urbanas** quanto a **trabalhadoras rurais**, sendo também extensivo esse direito às **empregadas domésticas**.

Quando a mulher possui vínculo empregatício com uma empresa, ou seja, é **empregada** e **segurada** (amparada pela Previdência Social) o salário-maternidade é pago a ela diretamente pelo empregador (patrão), e não, pelo INSS. Posteriormente o INSS fará o

---

[14] **Fonte legal:** Art. 7º, *caput* e inciso XVIII, da Constituição Federal de 1988, e artigos 391 e 392 da Consolidação das Leis do Trabalho – CLT, e disposições legais da Lei n. 8.213/91 e da Lei n. 8.861/94. Disponível em: *https://www.gov.br/inss/pt-br/saiba-mais/salario-maternidade/*. Acesso em: 22 nov. 2023.

ressarcimento à empresa do valor por ela desembolsado ao empregado. Há exceção, no entanto, se tratar-se de empregadas de microempresa individual, empregadas domésticas e empregadas que adotam criança, que nesse caso terão de recorrer diretamente ao INSS para receber o aludido benefício.

Para o reconhecimento do **direito ao salário-maternidade**, é preciso que a mulher atenda algumas exigências legais:

- tenha trabalhado no mínimo **dez meses** (período de carência) na condição de **contribuinte individual**, **contribuinte facultativo** ou **segurado especial**, com exceção para a segurada empregada, empregada doméstica e trabalhadora avulsa.

- se a beneficiária tiver **desempregada** faz-se necessário comprovar a qualidade de **segurada** da Previdência Social (INSS), assim como ter cumprido a carência de **dez meses** de trabalho, pelo que vai depender, no entanto, do tipo de trabalho exercido pela empregada.

O benefício do salário-maternidade tem duração de acordo com a situação que originou o direito:

- **cento e vinte dias**, se se tratar de **parto**.

- **cento e vinte dias**, quando houver **adoção** ou **guarda judicial** para fins de **adoção**, de criança com até **doze** anos de idade.

- **cento e vinte dias**, quando tratar-se de **natimorto** (criança nascida morta)

- **quatorze dias**, no caso de aborto espontâneo ou previstos em lei (estupro ou risco de vida para a mãe), a critério médico.

É importante salientar que, mesmo havendo o nascimento (parto) ou adoção, de mais de uma criança, a beneficiária tem direito apenas ao recebimento de um salário-família.

Se por acaso a mulher receber algum benefício previdenciário por **incapacidade**, tais como **auxílio-doença** ou **aposentadoria por invalidez**, não tem direito a receber o salário-maternidade.

De destacar que a partir da edição da Lei n. 12.873/2013, o **adotante do sexo masculino** passou a ter direito ao salário-maternidade, quando se cogitar de **adoção** ou **guarda para fins de adoção**.

DO DIREITO À LICENÇA PATERNIDADE [15]

Tem o homem, na condição de cidadão, o DIREITO CONSTITUCIONAL, como trabalhador, urbano ou rural, tanto quanto a mulher, à **licença-paternidade**, em razão de **nascimento de algum filho**, para que desse modo possa acompanhar os primeiros dias do seu filho e dar algum apoio à esposa gestante.

Apesar de a Constituição Federal estabelecer o **direito à licença-paternidade** ao homem, no entanto, o mesmo esteve reconhecido como direito do trabalhador na legislação brasileira, bem antes da edição da atual Carta Constitucional, através da inclusão do inciso III do artigo do 473 na Consolidação das Leis do Trabalho-CLT, e do Decreto-Lei n. 229, de 28 de fevereiro de 1967.

As disposições do inciso III do artigo 473 da CLT, foram alteradas posteriormente pela Lei n. 14.457, de 21 de setembro de 2022, desse modo, passando o trabalhador a ter direito a **cinco dias** consecutivos, livre de suas atividades laborativas, para acompanhar não somente o **nascimento de filho**, mas também nos casos de **adoção** ou **guarda compartilhada** de criança.

De ressaltar que o **servidor público federal**, também tem o direito à licença-paternidade de **cinco dias** consecutivos, assegurado pelo artigo 208 da Lei 8.112, de 11 de dezembro de 1990 (Estatuto dos Servidores Públicos Civis da União).

Interessante destacar que em 3 de maio de 2016, foi editado o Decreto de n. 8.737, pela então Presidenta da República, Dilma Rousseff, pelo qual foi criado o **Programa de Prorrogação de Licença Paternidade** para os servidores regidos pelo citado Estatuto, desse modo, poderia o servidor requerer a **prorrogação** de sua licença-paternidade, desde que o fizesse no prazo de **dois dias úteis** após o **nascimento** ou **adoção** de criança, ou no caso de **guarda judicial** para fins de adoção.

---

[15] **Fonte legal:** Art. 7º, *caput* e inciso XIX, da Constituição Federal de 1988, e artigo 473, inciso III, 391 da Consolidação das Leis do Trabalho – CLT.

A mencionada prorrogação teria o prazo de duração de **quinze dias**, além dos **cinco dias** já assegurados pelo Estatuto do servidor público federal. Nesse caso, o servidor teria uma licença-paternidade de **vinte dias** ao todo.

Importante frisar que o aludido Decreto Presidencial considera como criança, a pessoa de até **doze anos de idade incompletos**.

Ademais, enquanto o beneficiário estiver gozando da prorrogação da licença-paternidade, não poderá exercer nenhuma **atividade remunerada** (qualquer um outro tipo de trabalho), sob pena de ocorrer o **cancelamento da prorrogação** da licença, além de ser caracterizado como ausência do servidor por **falta ao serviço**.

Cabe anotar que o direito à licença-paternidade de servidores públicos **estaduais** e **municipais** é regulamentado por lei da própria esfera de governo, ou seja, pelo Estado-membro ou Município ao qual o servidor é vinculado. Portanto, não se pode aplicar as normas do Estatuto do servidor público federal a servidores públicos estaduais e municipais.

DO DIREITO À PROTEÇÃO DO MERCADO DE TRABALHO DA MULHER [16]

Tem a mulher, na condição de cidadã, o DIREITO CONSTITUCIONAL, como trabalhadora urbana ou rural, de ser protegida pelo **mercado de trabalho**, devendo a lei estabelecer incentivos específicos para que tal proteção seja amplamente assegurada.

A mulher historicamente sempre foi excluída pelo homem daquelas funções externas ao lar, e ainda há em nossos dias enraizados **preconceitos** que levam a causar obstáculos de toda ordem ao sexo feminino para conseguir um trabalho de destaque, e mesmo no exercício de algumas atividades laborativas, e quando o consegue, sofre discriminações com o percebimento de ínfimos salários, principalmente se se cogita de mulher negra ou de origem negra (parda, mestiça).

O artigo 372 da CLT, protege o trabalho da mulher, tratando-a como realmente deve ser tratada, isto é, **sem discriminação** quanto aos preceitos aplicados ao homem.

De destacar que o artigo 377 da CLT, determina que as medidas de proteção do trabalho das mulheres são de **ordem pública**, vale dizer, não ficam à mercê do empregador, e nesse sentido não se justifica a **redução de salário** por ele, patrão, pelo fato de se tratar de seres femininos.

O artigo 5º da Constituição Federativa do Brasil estabelece que **homens e mulheres são iguais em direitos e obrigações**, e que é objetivo fundamental da República Federativa do Brasil, a promoção do bem de todos, **sem preconceitos** de origem, **raça**, **sexo**, **cor**, idade e quaisquer outras formas de discriminação.

---

[16] **Fonte legal:** Art. 7º, *caput* e inciso XX, da Constituição Federal de 1988, e artigos 372 e seguintes da Consolidação das Leis do Trabalho – CLT.

Em consonância com a Constituição Federal, a Consolidação das Leis do Trabalho – CLT resguarda os seguintes direitos à mulher empregada:

- **licença maternidade de 120 dias:** a partir do 8º mês de gestação, sem prejuízo do emprego e de receber o salário integral (ver art. 392 da CLT); do mesmo modo se vier a **adotar ou obtiver guarda judicial para fins de adoção** de **criança** ou **adolescente** (ver art. 392-A da CLT). O período de afastamento poderá ser ampliado se a empregada aderir ao Programa Empresa Cidadã, pelo que lhe será concedido logo após o gozo da licença-maternidade.

- **duas semanas de repouso:** se na condição de gestante vier a sofrer um **aborto não criminoso** (natural), e desde que devidamente comprovado mediante **atestado médico oficial**, ficando garantido o seu retorno à função que ocupava antes de seu afastamento (ver art. 395 da CLT).

- **intervalos para amamentação:** correspondentes a dois intervalos diários de **trinta minutos** destinados à amamentação da criança, até esta completar os **seis meses** de vida, podendo ser prorrogado se houver comprovação de necessidade (ver art. 396 da CLT).

- **ausência ao emprego para consultas médicas:** no decorrer do período de gestação, a mulher tem o direito de ser dispensada de suas atividades laborativas na empresa onde trabalha, para realizar consultas ou exames médicos (ver art. 392, § 4º, II, da CLT).

- **mudança de função por razões de saúde:** no período de gestação, a mulher tem direito a mudar de função na empresa, desde que haja necessidade em razão do seu precário estado de saúde, sendo certo que logo que possa voltar à função de origem este direito será garantido pela lei (ver Art. 392, § 4º, I da CLT).

- **estabilidade no emprego:** uma vez confirmada a situação de gravidez da mulher, ou passando a ser **adotante**, a mesma não poderá ser demitida do trabalho se não houver **justa causa** (ver art. 391-A da CLT), e ainda que estando ela em aviso prévio não poderá ser demitida sem justa causa.

- **limite para carregamento de peso:** apesar de a Constituição Federal normatizar que homens e mulheres têm direitos iguais, o empregador tem que respeitar os limites físicos da mulher, não lhe destinando, portanto, trabalhos na empresa que redundem o uso de **força muscular** superior a **vinte quilos** para trabalho contínuo, ou **vinte e cinco quilos** para trabalhos ocasionais (ver artigo 390 da CLT).

- **instalações adequadas:** a empresa na qual trabalha a mulher está obrigada a fornecer serviços de higienização dos locais de trabalho, assim como, promover formas de ventilação, iluminação, instalação de bebedouros, lavatórios, aparelhos sanitários; destinação de cadeiras ou bancos, em número suficiente, que permitam às mulheres trabalhar sem grande esgotamento físico; destinação de vestiários com armários individuais privativos das mulheres, exceto os estabelecimentos comerciais, escritórios, bancos e atividades afins, em que não seja exigida a troca de roupa e outros; assim como, o fornecimento dos recursos de proteção individual, tais como óculos, máscaras, luvas e roupas especiais, para a defesa dos olhos, do aparelho respiratório e da pele, de acordo com a natureza do trabalho (ver art. 389 da CLT).

- **não ser discriminada pela empresa:** legalmente é proibido publicar ou fazer publicar anúncio de emprego no qual haja referência ao sexo, à idade, à cor ou situação familiar da mulher, salvo quando a natureza da atividade a ser exercida, pública e notoriamente, assim o exigir; recusar emprego, promoção ou motivar a dispensa do trabalho em razão de sexo, idade, cor, situação familiar ou estado de gravidez, salvo quando a natureza da atividade seja notória e publicamente incompatível; e até mesmo considerar o sexo, a idade, a cor ou situação familiar da mulher como variável determinante para fins de remuneração, formação profissional e oportunidades de ascensão profissional; exigir atestado ou exame, de qualquer natureza, para comprovação de esterilidade ou gravidez, na admissão ou permanência no emprego; impedir o acesso ou adotar critérios subjetivos para deferimento de inscrição ou aprovação em concursos, em empresas privadas, em razão de sexo, idade, cor, situação familiar ou estado de gravidez(ver art. 373-A da CLT).

- **privacidade no trabalho:** não pode o empregador ou preposto proceder a expedientes de revistas íntimas nas mulheres que trabalham na empresa (ver art. 373-A da CLT).

- **remuneração igual à do homem:** a equiparação salarial está assegurada por lei à mulher, portanto, ela tem direito de receber salário igual ao do homem quando trabalha em função igual, principalmente quando o trabalho é feito com igual produtividade e com a mesma perfeição técnica (ver artigo 461 da CLT).

- **manutenção do vínculo trabalhista quando vítima de violência doméstica:** a mulher não pode ser prejudicada na empresa, caso necessite de ausentar-se do trabalho em razão de ter sofrido violência doméstica; nesse sentido ela poderá afastar-se do trabalho por um período de **seis meses**, mantendo, portanto, o seu vínculo empregatício com a empresa durante esse período (ver art. 9o, § 2o, II, da Lei 11.340/2006 – Lei Maria da Penha).

Como se pode inferir pelo que foi narrado acima, a mulher está amparada em todos os sentidos pela Constituição Federal e legislação hierarquicamente inferior, não podendo ela ser discriminada pelo fato de ser do sexo feminino, vale dizer, ter um gênero distinto do masculino.

DO DIREITO AO AVISO PRÉVIO [17]

Tem o homem ou a mulher, na condição de cidadão/cidadã, o DIREITO CONSTITUCIONAL, como trabalhador/a, urbano ou rural, de ser avisado com antecedência mínima de **trinta dias**, que irá ser despedido do trabalho na empresa, caso esta não tenha mais interesse nos seus trabalhos. Esse período é o tempo de o empregado procurar emprego em outra empresa.

Se o empregador não comunicar a sua decisão **trinta dias antes** que vai dispensar o trabalhador das atividades que ele exerce na empresa, arcará com o pagamento de **um salário** correspondente ao que o empregado recebe por **trinta dias** trabalhados.

De destacar que, da mesma forma, o **aviso prévio** também é dever do empregado, quando tenha interesse em deixar a empresa, de comunicar a sua saída, para que o patrão possa substituí-lo por outro empregado no decorrer do prazo de trinta dias.

Anote-se que a Constituição Federal estabelece, no Art. 7º, inciso XXI, o direito do trabalhador ao **aviso prévio proporcional**, isto é, de acordo com o tempo de serviço do empregado na empresa, sendo de, no mínimo, **trinta dias**. No entanto, esse dispositivo constitucional até o presente momento não foi regulamentado por lei, vale dizer, não foi ainda feita a lei que assegurará o referido direito.

Cabe assinalar que o aviso prévio também é **irrenunciável**, pois o trabalhador não pode deixar de recebê-lo do empregador, e nem assinar qualquer documento dispensando-o, de acordo com a **Súmula 276 do Tribunal Superior do Trabalho – TST**.

Portanto, se o patrão avisar ao empregado que vai despedi-lo do trabalho, terá de mantê-lo trabalhando ainda por mais **trinta dias** na empresa, desse modo, dando continuidade ao contrato de trabalho, tempo esse em que o empregado poderá procurar outro emprego. Portanto, se o empregador o mandar embora de imediato, consoante

---

[17] **Fonte legal:** Art. 7º, *caput* e inciso XXI, da Constituição Federal de 1988, e artigos 7º e 487 e seguintes da Consolidação das Leis do Trabalho – CLT.

dito acima, terá de pagar-lhe em dinheiro esse período, ou seja, destinará ao trabalhador a mesma importância que ele recebe da empresa a título de salário, inclusive, de acordo com o tempo trabalhado pelo empregado (aviso prévio proporcional).

18

DO DIREITO À SEGURANÇA NO TRABALHO [18]

Tem o homem ou a mulher, na condição de cidadão/cidadã, o DIREITO CONSTITUCIONAL, como trabalhador/a, urbano ou rural, ao uso de **equipamentos de segurança** imprescindíveis à redução dos riscos que levam a causar **acidentes** ou mesmo contrair **doenças** no trabalho, muitas vezes, incuráveis, assim como outras formas de proteção pessoal.

A redução dos aludidos riscos deverá ser assegurada por intermédio de **normas regulamentadoras** de saúde, higiene e segurança; com base nelas, é que poderá haver a **fiscalização do poder público** como forma de garantir a segurança no trabalho.

A título de exemplo cite-se as **Normas Regulamentadoras (NRs)** infrarrelacionadas:

NR 5 - COMISSÃO INTERNA DE PREVENÇÃO DE ACIDENTES

Estabelece a **NR-5** que:

(...) os parâmetros e os requisitos da Comissão Interna de Prevenção de Acidentes – CIPA, tendo por objetivo a **prevenção de acidentes** e **doenças relacionadas ao trabalho**, de modo a tornar compatível, permanentemente, o trabalho com a preservação da vida e promoção da saúde do trabalhador.

A mencionada NR deve ser aplicada pelas organizações e órgãos públicos da administração direta e indireta, bem como pelos órgãos dos Poderes Legislativo, Judiciário e Ministério Público, que possuam empregados regidos pela Consolidação das Leis do Trabalho - CLT, que devem constituir e manter CIPA.

NR 6 - EQUIPAMENTO DE PROTEÇÃO INDIVIDUAL - EPI

---

[18] **Fonte legal:** Art. 7º, *caput* e inciso XXII, da Constituição Federal de 1988, e artigos 60, 154 e 192 e seguintes da Consolidação das Leis do Trabalho – CLT.

Estabelece a **NR-6** que:

(...) se considera Equipamento de Proteção Individual - EPI, todo dispositivo ou produto, de uso individual utilizado pelo trabalhador, destinado à proteção de riscos suscetíveis de ameaçar a segurança e a saúde no trabalho.

Entende-se como **Equipamento Conjugado de Proteção Individual**, todo aquele composto por vários dispositivos, que o fabricante tenha associado contra um ou mais riscos que possam ocorrer simultaneamente e que sejam suscetíveis de ameaçar a segurança e a saúde no trabalho.

O equipamento de proteção individual, de fabricação nacional ou importado, só poderá ser posto à venda ou utilizado com a indicação do **Certificado de Aprovação - CA**, expedido pelo órgão nacional competente em matéria de segurança e saúde no trabalho do Ministério do Trabalho e Emprego.

A empresa é obrigada a fornecer aos empregados, gratuitamente, EPI adequado ao risco, em perfeito estado de conservação e funcionamento, nas seguintes circunstâncias:

a) sempre que as medidas de ordem geral não ofereçam completa proteção contra os riscos de acidentes do trabalho ou de doenças profissionais e do trabalho;

b) enquanto as medidas de proteção coletiva estiverem sendo implantadas;

Atendidas as peculiaridades de cada atividade profissional, e observado o disposto no item 6.3, o empregador deve fornecer aos trabalhadores os EPI adequados, de acordo com o disposto no ANEXO I desta NR. 6.4.1 (...).

NR 10 - SEGURANÇA EM INSTALAÇÕES E SERVIÇOS EM ELETRICIDADE

Estabelece a **NR-10** que:

(...) os requisitos e condições mínimas objetivando a implementação de medidas de controle e sistemas preventivos, de forma a garantir a segurança e a saúde dos trabalhadores que, direta ou indiretamente, interajam em instalações elétricas e serviços com eletricidade. 10.1.2 Esta NR se aplica às fases de geração, transmissão, distribuição e consumo, incluindo as etapas de projeto, construção, montagem, operação, manutenção das instalações elétricas e quaisquer trabalhos realizados nas suas proximidades, observando-se as normas técnicas oficiais estabelecidas pelos órgãos competentes e, na ausência ou omissão destas, as normas internacionais cabíveis (...).

Consoante se pode depreender do descrito acima, as citadas normas são de **observância obrigatória** pelas empresas privadas ou públicas, assim como, todos os órgãos governamentais que tenham empregados com carteira de trabalho assinada, desde que regidos pela Consolidação das Leis do Trabalho – CLT.

19

DO DIREITO A ADICIONAL POR ATIVIDADES PENOSAS, INSALUBRES OU PERIGOSAS [19]

Tem o homem ou a mulher, na condição de cidadão/cidadã, o DIREITO CONSTITUCIONAL, como trabalhador/a, urbano ou rural, a uma importância financeira ou ADICIONAL, que será somada ao seu salário normal (remuneração), quando exercer atividades no trabalho, de natureza **penosa** (que causa sofrimento, incomoda a pessoa ou causa dor; trabalho de difícil execução ou complicado), **insalubre** (que origina doenças ou perturbações nervosas) ou **perigosas** (em que há perigo pessoal; trabalho arriscado que pode causar lesões ou a morte do empregado).

Todo empregado que ocupa uma função penosa, insalubre ou perigosa poderá exigir do empregador (patrão) um **adicional** na sua remuneração, direito esse que, não sendo reconhecido por ele, empregador, poderá o empregado valer-se dos auspícios da justiça para assegurá-lo.

O trabalhador está protegido pela **legislação trabalhista** quando executa atividades laborais **penosas**, **insalubres** ou **perigosas**. As normas legais visam reduzir os efeitos nocivos à saúde do trabalhador, advindos do exercício do trabalho, por meio da empresa na qual tem o seu labor, que deverá não somente fornecer **equipamentos adequados** quanto destinar um percentual remuneratório, a título de adicional, para cobrir os riscos oriundos da atividade laborativa.

O adicional na remuneração do trabalhador é um **direito social** assegurado constitucionalmente.

A **insalubridade** está regulamentada pelo disposto nos artigos 189 a 192 da Consolidação das Leis do Trabalho, assim como, pela **Norma Regulamentadora - NR 15**, do Ministério do Trabalho, que estabelecem o **adicional de insalubridade** a ser pago pelo empregador.

---

[19] **Fonte legal:** Art. 7º, *caput* e inciso XXIII, da Constituição Federal de 1988, e artigos 189 e seguintes da Consolidação das Leis do Trabalho – CLT.

Diz o artigo 189 da CLT:

> Art. 189 - Serão consideradas atividades ou operações **insalubres** aquelas que, por sua natureza, condições ou métodos de trabalho, exponham os empregados a agentes nocivos à saúde, acima dos limites de tolerância fixados em razão da natureza e da intensidade do agente e do tempo de exposição aos seus efeitos. (grifamos)

A CLT define no seu artigo 192 os percentuais a serem recebidos pelo empregado ao executar tarefas insalubres no trabalho, da seguinte forma:

> Art. 192 - O exercício de trabalho em condições **insalubres**, acima dos limites de tolerância estabelecidos pelo Ministério do Trabalho, assegura a percepção de adicional respectivamente de 40% (quarenta por cento), 20% (vinte por cento) e 10% (dez por cento) do salário-mínimo da região, segundo se classifiquem nos graus máximo, médio e mínimo.

Em consonância com o diploma legal acima transcrito, a Norma Regulamentadora n. 15 define os percentuais a serem pagos ao trabalhador, quando exercer atividade insalubre, nos seguintes termos:

Item 15.2 (...)

O exercício de trabalho em condições de **insalubridade**, de acordo com os subitens do item anterior, assegura ao trabalhador a percepção de adicional, incidente sobre o salário-mínimo da região, equivalente a:

- 40% (quarenta por cento), para insalubridade de grau máximo;

- 20% (vinte por cento), para insalubridade de grau médio;

- 10% (dez por cento), para insalubridade de grau mínimo; (grifamos)

No que diz respeito ao direito do **adicional por periculosidade**, o mesmo está regulamentado pelos artigos 193 a 196 da Consolidação das Leis do Trabalho – CLT, assim como, pela Norma Regulamentadora n. 16 do Ministério do Trabalho, e outras normas pertinentes.

Textualiza o artigo 193 da CLT:

Art. 193. São consideradas atividades ou operações **perigosa**s, na forma da regulamentação aprovada pelo Ministério do Trabalho e Emprego, aquelas que, por sua natureza ou métodos de trabalho, impliquem risco acentuado em virtude de exposição permanente do trabalhador a:

I - inflamáveis, explosivos ou energia elétrica.

II - roubos ou outras espécies de violência física nas atividades profissionais de segurança pessoal ou patrimonial.

§ 1º - O trabalho em condições de periculosidade assegura ao empregado um adicional de 30% (trinta por cento) sobre o salário sem os acréscimos resultantes de gratificações, prêmios ou participações nos lucros da empresa. (grifamos)

De ressaltar que ainda não existe **norma regulamentadora** definindo o pagamento de **adicional** em razão de atividade **penosa** executada pelo trabalhador, apesar de a Constituição Federal garantir esse direito.

De frisar que o direito ao reconhecimento do aludido adicional, encontra guarida na opinião dos doutrinadores e nas decisões de nossas colendas cortes de justiça, assim como, nos acordos coletivos de trabalho.

20

DO DIREITO À APOSENTADORIA [20]

Tem o homem ou a mulher, na condição de cidadão/cidadã, o DIREITO CONSTITUCIONAL, como trabalhador/a, urbano ou rural, aos benefícios da previdência social pública ou privada, podendo solicitar sua aposentadoria quando completar a **idade** e o **tempo de contribuição** exigíveis pelas leis pertinentes.

A Constituição Federal assegura o direito à aposentadoria ao trabalhador, quer de natureza **privada**, quer de natureza **pública** (servidor público titular de cargo efetivo), consoante as disposições legais contidas no artigo 7º, inciso XXIV, e artigos 40 e 201 do seu texto.

Em primeiro lugar, a Carta Constitucional trata dos direitos de aposentadoria do servidor público, através do **Regime Próprio de Previdência – RPPS**, para depois tratar dos direitos dos trabalhadores urbanos e rurais privados, por meio do **Regime Geral de Previdência Social – RGPS**.

1. Quanto ao Regime Próprio de Previdência Social – RPPS

Segundo o artigo 40 da Constituição Federal, tanto quanto no Regime Geral de Previdência Social, destinado aos trabalhadores da iniciativa privada, o **regime próprio de previdência dos servidores públicos - RPPS**, a ser criado por cada ente da federação (União, Estados, DF e Municípios), para atender aos que ocupam **cargos efetivos** na Administração Pública, exige que a contribuição para o referido regime seja de **forma solidária**, ou seja, tanto pelos **servidores ativos**, quanto pelos **servidores inativos** (aposentados), e até mesmo pelos **pensionistas** (aqueles que recebem pensão de servidores já falecidos), assim como, pela **esfera governamental** na qual o servidor está legalmente vinculado (União, Estado, DF ou Município). Por exigência legal, todos devem contribuir para o fundo previdenciário.

---

[20] **Fonte legal:** Art. 7º, *caput* e inciso XXIV, da Constituição Federal de 1988, e artigos da Lei de n. 8.231/91 (Lei da Previdência Social)

O servidor público, acobertado pelo regime próprio de previdência social, tem direito às seguintes modalidades de **aposentadoria**:

- APOSENTADORIA POR INCAPACIDADE: Se ficar provado por avaliações periódicas, no decorrer do exercício da função pública, a **incapacidade** de forma permanente para o trabalho no cargo que exerce, e for inviável a sua **readaptação** em outro cargo compatível com a mencionada incapacidade.

- APOSENTADORIA VOLUNTÁRIA: aos 62 (sessenta e dois) anos de idade, se **mulher**, e aos 65 (sessenta e cinco) anos de idade, se **homem**, para os servidores titulares de cargos efetivos da **União**, e na **idade mínima** estabelecida através de **emenda** às respectivas constituições estaduais e leis orgânicas, para os servidores titulares de cargos efetivos dos **Estados**, do **Distrito Federal** e dos **Municípios**.

- APOSENTADORIA COMPULSÓRIA: com direito de receber **proventos** (salário do aposentado) proporcionais ao tempo de contribuição, se o servidor tiver completado **70 (setenta)** anos de idade, até a data de 04/12/2015, ou aos **75 (setenta e cinco)** anos, após essa data; tal aposentadoria abrange todos os servidores titulares de cargos efetivos da União, dos Estados, do Distrito Federal e dos Municípios, inclusive, os das autarquias e fundações públicas, os membros do Poder Judiciário, do Ministério Público, das Defensorias Públicas e dos Tribunais e Conselhos de Contas Públicas.

- APOSENTADORIA ESPECIAL: aos 60 (sessenta) anos, se **homem**; aos 57 (cinquenta e sete) anos se **mulher**, para o servidores públicos que ocupam o **cargo de professor** nas redes públicas estaduais e municipais; cogita-se de **aposentadoria especial**, vale dizer, em que a idade mínima para aposentadoria será reduzida em 5 (cinco) anos.

De ressaltar que **lei complementar** da respectiva entidade governamental (União, Estados, DF e Municípios) pode estabelecer **idade** e **tempo de contribuição** diferenciados, para efeito de aposentadoria de servidores públicos efetivos **portadores de deficiência**, após serem submetidos a uma avaliação biopsicossocial, assim como, para os servidores ocupantes do cargo de **agente penitenciário**, de **agente socioeducativo** ou de **policial** da Câmara dos Deputados e do Senado Federal, assim como, da Polícia Federal, da Polícia Rodoviária Federal, da Polícia Ferroviária Federal e das Polícias Civis estaduais. Da mesma forma, para os servidores em que as atividades exercidas lhes exponham a agentes **químicos**, **físicos** e **biológicos** prejudiciais à saúde.

De destacar que a lei não pode estabelecer formas de **contagem de tempo de contribuição fictício**, para efeito de aposentadoria. A exemplo, cite-se a computação de **licença-prêmio** não usufruída pelo servidor.

2. Quanto ao Regime de Previdência Pública Complementar

Os servidores públicos ocupantes de cargos efetivos poderão ter um **regime de previdência complementar**, cabendo à União, aos Estados, ao Distrito Federal e aos Municípios instituírem tal regime por meio de **lei** de iniciativa do Poder Executivo dos mencionados entes federativos.

3. Quanto ao direito do servidor de continuar trabalhando

O servidor titular de cargo efetivo que tenha completado o tempo e a idade para **aposentadoria voluntária**, poderá optar por permanecer em atividade na função, com direito a receber uma **gratificação** denominada de **abono de permanência**, desde que se obedeça aos critérios estabelecidos por lei do ente federativo ao qual tem vínculo.

4. Quanto ao Regime Geral de Previdência Social - RGPS

Afora as aposentadorias destinadas aos servidores públicos, existem as **aposentadorias privadas** regidas pelo Regime Geral de Previdência Social – RGPS, gerenciado em todo o país pelo Instituto Nacional de Seguridade Social - INSS, de **caráter contributivo** e de **filiação obrigatória** por todos.

As aposentadorias asseguradas pelo RGPS são as seguintes:

- APOSENTADORIA POR IDADE: aos 65 (sessenta e cinco) anos de idade, se **homem**; e aos 62 (sessenta e dois) anos de idade, se **mulher**, desde que possuam o **tempo mínimo** de contribuição para aquisição da aposentadoria, ou seja, **quinze anos**, para os trabalhadores em geral.

- APOSENTADORIA ESPECIAL: aos 60 (sessenta) anos de idade, se **homem**; e aos 57 (cinquenta e sete) anos de idade, se **mulher**, para o **professor** que comprove tempo de efetivo exercício nas funções de magistério na **educação infantil** e no **ensino fundamental** e **médio** fixado em **lei complementar** (se trata aqui de professor do ensino fundamental e médio, com atividade pedagógica em **escola particular**).

- APOSENTADORIA ESPECIAL: aos 60 (sessenta) anos de idade, se **homem**; e aos 55 (cinquenta e cinco) anos de idade, se **mulher**, se tratar-se de **trabalhadores rurais** e de pessoas que exerçam suas atividades em **regime de economia familiar**, nestes incluídos o **produtor rural**, o **garimpeiro** e o **pescador artesanal**.

Os **tempos de contribuição** feito para o Regime Geral de Previdência Social - RGPS e o Regime Próprio de Previdência - RPPS da União, dos estados, do Distrito Federal e dos municípios, ou havido entre estes últimos, terão **contagem recíproca**, isto é, serão contabilizados (somados), para efeito de aposentadoria, os períodos trabalhados em um e outro regime. O trabalhador não perde o tempo que exerceu sua atividade laborativa quando migrar de um regime para o outro.

5. Quanto ao Regime de Previdência Privada Complementar

O cidadão, mesmo vinculado ao Regime Geral de Previdência Social, poderá ainda optar pelo **regime de previdência privada**, de caráter **complementar**, **facultativo**, e **autônomo** em relação ao RGPS, regulado por **lei complementar**, no intuito de assegurar a **complementação** de sua aposentadoria, e objetivando continuar recebendo o mesmo valor salarial que recebe quando em atividade.

21

DO DIREITO DOS FILHOS A CRECHES E PRÉ-ESCOLAS [21]

Tem o homem ou a mulher, na condição de cidadão/cidadã, o DIREITO CONSTITUCIONAL, como trabalhador/a, urbano ou rural, à assistência aos **filhos** e **dependentes** (aqueles que estão sendo mantidos economicamente pelo trabalhador), em **creches** e **pré-escolas**, desde o **nascimento** até os **cinco anos** de idade, de forma **gratuita**, melhor dizendo, sem que o trabalhador ou trabalhadora despenda qualquer valor (despesa), por menor que seja, para o pagamento aos mencionados educandários.

O direito de assistência gratuita aos filhos dos trabalhadores é um **dever legal** tanto do Estado quanto do empregador (patrão).

Muitas mães trabalhadoras renunciam ao trabalho fora de casa, em razão de não terem onde deixar os seus filhos menores. Para evitar esse tipo de constrangimento, exclusão e discriminação à mulher, e visando à melhoria das condições de vida do trabalhador, a Constituição Federal estabeleceu o direito à **assistência** em creches e pré-escolas para os seus filhos.

Não há impedimento de natureza legal de a creche ou pré-escola pertencer e ser localizada nas dependências da própria empresa, na qual trabalha o pai ou mãe da criança; assim como ser situada fora do local de trabalho. De uma forma ou de outra, a empresa arcará com os custos da assistência aos menores.

Um outro modo de assistência aos filhos dos trabalhadores é o **auxílio-creche** ou **reembolso-creche**, quando a empresa não possuir creche para abrigar as crianças. Nesse caso, o valor do benefício é repassado diretamente para o empregado pela empresa.

Importa destacar que o **auxílio-creche** está previsto no artigo 389 da Consolidação da Leis do Trabalho – CLT, que estabelece nos seus parágrafos 1º e 2º:

---

[21] **Fonte legal:** Art. 7º, *caput* e inciso XXV, da Constituição Federal de 1988, e artigos da Lei de n. 8.231/91 (Lei da Previdência Social).

Art. 389. Toda empresa é obrigada:

....

§ 1º - Os estabelecimentos em que trabalharem pelo menos 30 (trinta) mulheres com mais de 16 (dezesseis) anos de idade terão local apropriado onde seja permitido às empregadas guardar sob vigilância e assistência os seus filhos no período da amamentação.

§ 2º - A exigência do § 1º poderá ser suprida por meio de creches distritais mantidas, diretamente ou mediante convênios, com outras entidades públicas ou privadas, pelas próprias empresas, em regime comunitário, ou a cargo do SESI, do SESC, da LBA ou de entidades sindicais.

Como se depreende das disposições legais supra, as empresas nas quais trabalha um quantitativo de, no mínimo, 30 (trinta) mulheres com idade acima de 16 (dezesseis) anos, são obrigadas a destinar um local apropriado para as mães trabalhadoras manterem os seus filhos sob **vigilância**, bem como poderem dar a **assistência** necessária no decorrer do **período de amamentação**.

No caso, da inexistência de creches no âmbito da empresa, esta poderá firmar **convênio ou contrato** com entidade pública ou privada, para efeito de cumprimento do dever legal.

22

DO DIREITO À PROTEÇÃO DO TRABALHO [22]

Tem o homem e a mulher, na condição de cidadão/cidadã, o DIREITO CONSTITUCIONAL, como trabalhador/a, à proteção do seu posto de trabalho, proteção essa que será assegurada por lei específica, livrando-o de sofrer o constrangimento do desemprego, em face da **automação** (trabalho desenvolvimento por meio de máquinas programadas sem a participação da força de trabalho humana, em razão dos **avanços tecnológicos** que vêm ocorrendo nas indústrias nos últimos anos).

A tecnologia proporcionou às indústrias do país um tremendo avanço nos últimos anos, e isso tem provocado inúmeros **desempregos** com a consequente extinção de postos de trabalho, inviabilizando a readmissão dos que já trabalham ou de novos trabalhadores, nas funções mais especializadas. Nesse sentido, a Constituição Federal, ao promulgar esse dispositivo legal, consagrou a proteção ao trabalhador em face da automação, evitando-se uma enxurrada de desempregos.

A tecnologia, associada à ciência, é de suma importância para a aceleração da produção, assim como, para o desenvolvimento econômico e social do país, no entanto, o trabalhador precisa ficar protegido do desemprego que ela possa vir a causar.

Cabe destacar que esse dispositivo constitucional, para assegurar o **direito humano** de proteção ao trabalhador, tem que está regulamentado por **lei específica**, ou seja, uma norma jurídica que especifique como se dará na prática tal proteção laboral, o que ainda não foi concretizado pelo legislador (deputados e senadores).

A **procrastinação** da aprovação da lei regulamentadora, só tem possibilitado a constante substituição do homem pela máquina, no seu posto de trabalho, causando o desemprego e afetando as famílias que dependem das rendas dos trabalhadores para sobreviver.

O responsável maior pela regulamentação da norma constitucional é o Estado. O Estado tem o dever legal de assegurar a proteção ao trabalhador, através de esforços a serem despendidos por

---

[22] **Fonte legal:** Art. 7º, *caput* e inciso XXVII, da Constituição Federal de 1988, e artigos da Lei de n. 8.231/91 (Lei da Previdência Social).

seus governantes na **aprovação** da norma regulamentadora constitucional, bem como, criar **políticas públicas** que facilitem a capacitação profissional do trabalhador e a geração de novos postos de trabalhado como forma de conter o desemprego.

A **qualidade de vida** deve ser considerada como direito fundamental de proteção ao trabalhador, pois ainda que as tarefas com o uso das máquinas não dispensem totalmente a mão-de-obra na execução dos trabalhos, não se pode perder de vista a proteção da **saúde** e **segurança** do trabalhador. Portanto, os órgãos governamentais terão de garantir a proteção do empregado diante da automação, não somente quanto ao desemprego, mas quanto a tudo que afete a sua saúde e segurança.

O trabalho, em conformidade com o artigo 6º, *caput*, da Constituição, é um **direito social**, e pelo que reza o artigo 1º, inciso IV, do texto constitucional, um dos fundamentos da República Federativa do Brasil é os **valores sociais do trabalho e da livre iniciativa**. Daí a preocupação constitucional de proteção ao trabalho, de forma ampla e em todos os sentidos, diante da automação que é uma realidade que não se pode descartar no mundo moderno.

23

DO DIREITO AO SEGURO POR ACIDENTE DO TRABALHO [23]

Tem o homem e a mulher, na condição de cidadão/cidadã, o DIREITO CONSTITUCIONAL, de perceber do empregador (patrão) um **seguro**, e quando ficar provado que ocorreu **culpa** (negligência ou imprudência) ou **dolo** (intenção de provocar o acidente) dele, empregador, este deverá desembolsar em favor do empregado acidentado uma **indenização** pelos prejuízos morais e materiais sofridos pelo empregado.

Significa dizer que o empregador está obrigado, de acordo com a Constituição e às leis infraconstitucionais, a pagar um **seguro** para o empregado, para que este fique acobertado em casos de acidentes do trabalho, sendo ainda direito do empregado receber uma **indenização** reparatória por algum **dano físico ou mental** que venha a sofrer em virtude da atividade laborativa, se houver dolo ou culpa do patrão pelo acidente. A exemplo, cite-se o caso de o empregador deixar de oferecer os **equipamentos** imprescindíveis à proteção do trabalhador: luvas, botas, capacete, máscaras, etc).

É do entendimento do Supremo Tribunal Federal – STF[24], que a **responsabilidade** do patrão subsiste mesmo no caso de o **segurador** (aquele a quem o empregador paga o seguro do empregado), por algum motivo, não puder cobrir os valores do seguro do empregado. Conforme se depreende do julgado que segue:

> Subsiste a responsabilidade do empregador pela indenização decorrente de acidente do trabalho, quando o segurador, por haver entrado em liquidação, ou por outro motivo, não se encontrar em condições financeiras, de efetuar, na forma da lei, o pagamento que o seguro obrigatório visava garantir.

---

[23] **Fonte legal:** Art. 7º, *caput* e inciso XXVIII, da Constituição Federal de 1988, e artigos 12 e 153 da Consolidação da Leis do Trabalho-CLT e Lei de n. 6.338/76 (indenização por acidente do trabalho).

[24] **Súmula 529/STF**. Disponível em: https://tesesesumulas.com.br. Acesso em: 21 nov. 2023.

É possível ao trabalhador propor tanto uma **ação acidentária** quanto uma **ação indenizatória**; a primeira, para conseguir os benefícios previdenciários; a segunda, para ressarcir-se dos prejuízos que sofreu por culpa do patrão.

A competência para o processamento e julgamento de ações indenizatórias por danos morais e materiais, decorrentes de acidentes do trabalho, a ser proposta pelo empregado contra o empregador, é da **Justiça do Trabalho**.

24

DO DIREITO DE PROPOR AÇÃO TRABALHISTA E DE REIVINDICAÇÃO DOS DIREITOS [25]

Tem o homem ou a mulher, na condição de cidadão/cidadã, o DIREITO CONSTITUCIONAL, como trabalhador/a, de ajuizar **reclamações** (ações trabalhistas) perante a Justiça do Trabalho, para pleitear créditos, ou seja, direitos originados das relações de trabalho que tenha deixado de perceber no decorrer do **contrato de trabalho** (férias, décimo terceiro salário, saldo de salário, etc).

Importante que o trabalhador, urbano ou rural, tome todas as cautelas possíveis de não perder os prazos lhe concedidos pela Carta Constitucional, pois a sua inércia o levará a perder os seus direitos, tanto no que diz respeito aos meses ou anos que passarem dos últimos **cinco anos** quanto em relação ao direito de poder ingressar com a ação trabalhista, que deve ocorrer até, no máximo, **dois anos**, depois da rescisão contratual.

Trocando em miúdos, o trabalhador, no decorrer da relação de trabalho na empresa, somente poderá reclamar os seus direitos referentes aos **últimos cinco anos**, pois, o que passar desse período, não mais poderá reclamar. Assim também, ao ser demitido da empresa por rescisão contratual (extinção do contrato de trabalho), o trabalhador tem o prazo máximo de **dois anos** para ajuizar uma reclamação trabalhista na Justiça do Trabalho, passado esse tempo, não mais poderá fazê-lo.

A título de exemplo, hipoteticamente, se Manoel está trabalhando numa empresa desde 01 janeiro de 2016, e vai continuar trabalhando até 31 de dezembro de 2023, mas deixou de receber algum direito (férias, décimo terceiro, etc) no decorrer dos **oito anos** de serviço prestado, ele só poderá reclamar os direitos referentes aos últimos cinco anos, pois os três anos restantes estão prescritos, e, nesse caso, não mais poderá reclamar. Caso venha a sair da empresa (extinção do contrato de trabalho) em 31 de dezembro de 2023, só poderá entrar com uma ação trabalhista até 31 de dezembro de 2025 (quando

---

[25] **Fonte legal:** Art. 7º, *caput* e inciso XXIX, da Constituição Federal de 1988, e artigos 7º e 11 da Consolidação das Leis do Trabalho.

completa os dois anos), para reclamar os direitos que deixou de receber referente aos últimos cincos anos trabalhados.

Essa perda do direito de reclamar os direitos, durante o tempo de trabalho, é denominada de **prescrição**, que é um instituto jurídico criado por lei para que as pessoas não fiquem inertes quanto à reivindicação dos seus direitos. De lembrar que "**o direito não socorre os que dormem**", consoante se diz entre os que militam no próprio mundo do direito.

Nesses termos têm decidido os colendos Tribunais do Trabalho do país[26]:

TRT-PR-21-10-2016 - **PRESCRIÇÃO QUINQUENAL**. CONTAGEM. DATA DO AJUIZAMENTO DA AÇÃO. SÚMULA Nº 308 DO C. TST. Conforme o artigo 7º, XXIX, da Constituição Federal, a parte reclamante tem direito a pleitear verbas trabalhistas referentes aos **cinco anos** anteriores à data do ajuizamento da ação, e não do término do contrato de trabalho. Nesse sentido, o entendimento sedimentado na Súmula nº 308 do C. TST. TRT-PR-03760-2015-663-09-00-6-ACO-35645-2016 - 6A. TURMA. Relator: SÉRGIO MURILO RODRIGUES LEMOS. Publicado no DEJT em 21-10-2016. (GRIFO NOSSO).

....

TRT-PR-06-12-2016 EMENTA: **PRESCRIÇÃO BIENAL**. ARTIGO 7º, INCISO XXIX, DA CONSTITUIÇÃO FEDERAL (CF). O inciso XXIX do artigo 7º da CF dispõe que o reclamante tem o prazo de 2 (dois) anos para ajuizamento de ação, a partir da extinção do contrato trabalho. Proposta a demanda após transcorrido o biênio constitucional a pretensão encontra-se fulminada pela **prescrição**. Recurso ordinário da reclamante conhecido e desprovido. TRT-PR-39208-2014-084-09-00-7-ACO-41296-2016 - 7A. TURMA. Relator: ALTINO PEDROZO DOS SANTOS. Publicado no DEJT em 06-12-2016. (GRIFO NOSSO).

---

[26] BORGES, Gustavo Nardelli. **Prescrição: Quanto tempo o trabalhador tem para reclamar na Justiça? (artigo)** *In*: https://www.jusbrasil.com.br/artigos/prescricao-quanto-tempo-o-trabalhador-tem-para-reclamar-na-justica/415736883.

O trabalhador não pode, portanto, vacilar e deixar que o tempo extinga o seu direito de ação e, desse modo, deve reclamar os seus direitos trabalhistas (férias, décimo terceiro, etc) durante o tempo que permanecer na empresa. E, quando for dispensado por rescisão contratual, deve promover o ingresso da respectiva ação trabalhista, sob pena de, ao deixar esgotar o tempo dado por lei (dois anos), ficar a ver navios e perder os seus direitos trabalhistas.

25

DO DIREITO DE NÃO SER DISCRIMINADO PELO EMPREGADOR [27]

Tem o homem ou a mulher, na condição de cidadão/cidadã, o DIREITO CONSTITUCIONAL, como trabalhador/a, de não ser discriminado pelo patrão, com diferença de **salário** ou de **função**, ou mesmo por critérios no ato de admissão na empresa, por motivos de **sexo** (homem, mulher, homossexual), **idade** (estabelecimento de idade mínima ou máxima), **cor** (negro, branco, loiro) ou **estado civil** (casado, solteiro, viúvo, separado, divorciado).

Nenhum motivo desses pode ser considerado para efeito de se admitir, remunerar ou promover o trabalhador na função, sob pena de tornar-se um **ato discriminatório**. Tal vedação estende-se ao trabalhador **portador de necessidades especiais**, vez que este, da mesma forma, não pode ser discriminado por critérios de admissão (entrada na empresa) ou perceber salário diferenciado por causa da deficiência.

O Supremo Tribunal Federal entende que, se a fixação de limites mínimo e máximo de idade para ingresso em funções, empregos e cargos públicos, for feita com certa **razoabilidade**, não ofende a Constituição.

É vedado legalmente ao empregador agir, ou permitir que um seu inferior aja dentro da emprega, com atitudes que afetem a moral do empregado, por discriminação referente à cor, sexo, religião, etc.

A conduta utilizada pelo empregador ou subordinado, no sentido de valer-se de piadas ou expressões que denotem preconceito ou discriminação, com o intuito de causar menosprezo ou diminuição no valor social do empregado, pode ser considerada **crime** nos termos da lei penal, consoante estabelece o artigo 140, § 3º do Código Penal brasileiro, e inclusive, a **reparação civil por danos morais**, nos termos do disposto no artigo 932, inciso III, do Código Civil[28].

---

[27] **Fonte legal:** Art. 7º, *caput* e inciso XXX e XXXI, da Constituição Federal de 1988, e artigos 7º e 11 da Consolidação das Leis do Trabalho.

[28] **Fonte legal:** www.jusbrasil.com.br.

O Ministério do Trabalho tem se preocupado, e envidado todos os esforços possíveis, para combater a discriminação pelas empresas no ambiente de trabalho, tendo, inclusive, publicado em 16/11/2020 e atualizado em 17/10/2023, as seguintes informações[29]:

O **Sistema Federal de Inspeção do Trabalho tem papel fundamental na garantia de direitos trabalhistas e no combate às diversas formas de discriminação** que se manifestam no trabalho. Aos Auditores-Fiscais do Trabalho incumbe a atribuição de assegurar o cumprimento da legislação trabalhista no país, promovendo a inclusão social por meio do trabalho digno (Constituição Federal, art. 21, XXIV, Lei nº 10.593/2002, artigo 11, e Decreto nº 4.552/2002, artigo 1º). Salienta-se que a Instrução Normativa nº 3, de 2021, em seu art. 5º, V, traz a matéria de combate à discriminação e promoção da igualdade no mercado de trabalho como relacionadas à esfera de atribuição institucional da inspeção do Trabalho. Ciente desses processos, a Coordenação Nacional de Combate à Discriminação e Promoção da Igualdade de Oportunidades no Trabalho, situada no âmbito da Divisão de Trabalho Infantil e Igualdade de Oportunidades – DTIOP, da Secretaria de Inspeção do Trabalho - SIT, pretende fomentar um mundo do trabalho inclusivo, seguro e sadio, combatendo as diversas formas de discriminação.

Tem-se como diretrizes, nesta seara, a proteção: das mulheres no mercado de trabalho e combate à discriminação em razão do gênero; da pessoa idosa no mercado de trabalho e combate à discriminação em razão da idade; o combate à discriminação em razão da raça/etnia/origem; combate à discriminação em razão da orientação sexual; combate à discriminação contra pessoas com deficiência; combate à discriminação em matéria de relação de emprego e terceirização.

Busca-se, assim, alcançar os objetivos previstos na Constituição Federal, a saber: construir uma sociedade livre, justa e solidária, garantir o desenvolvimento nacional, erradicar a marginalização, reduzir as desigualdades sociais e regionais e promover o bem de todos, sem preconceitos de origem, raça, sexo, cor, idade e quaisquer formas de discriminação (artigo 3º, incisos I a IV), bem como assegurar, no meio ambiente do trabalho, fundamentos que regem o Estado Brasileiro, como a dignidade da pessoa humana e o valor social do trabalho (art. 1º, III e IV, CF/88).

O ato de discriminar o empregado é uma **prática ilegal** que fere a **honra subjetiva** dele, empregado, e viola o **princípio constitucional da igualdade**, podendo o prejudicado, se for o caso, pedir a **nulidade**

---

[29] **Ministério do Trabalho e Emprego**. Disponível em: www.gov.br. Acesso em 25 out 2023.

da dispensa (demissão) e a **reparação civil** (indenização por danos morais) na Justiça do Trabalho.

26

DO DIREITO DE NÃO HAVER DISTINÇÃO QUANTO AO TIPO DE TRABALHO [30]

Tem o homem ou a mulher, na condição de cidadão/cidadã, o DIREITO CONSTITUCIONAL, como trabalhador/a, de não ser discriminado em face do tipo de atividade laborativa que exerce, pois não poderá haver distinção nenhuma entre o **trabalho manual** (feito com esforço físico, tais como, o trabalho do pedreiro, carpinteiro, motorista, etc), **técnico** (aquele que para ser exercitado necessita do emprego de uma ou mais técnicas, cite-se como exemplo, o trabalho do médico, engenheiro, advogado) e **intelectual** (realizado, total ou quase exclusivamente, com a mente, assim sejam, o trabalho do professor, do pintor, do escultor, do escritor, do jornalista, do ator, etc.

A proibição de distinções não somente no que diz respeito às espécies de emprego e às condições de trabalho, especificamente o trabalho **intelectual**, **técnico** e **manual**, está regulamentada pelas normas legais contidas na Consolidação das Leis do Trabalho – CLT, consoante se depreende do parágrafo único do artigo 3º infratranscrito:

Art. 3º - Considera-se empregado toda pessoa física que prestar serviços de natureza não eventual a empregador, sob a dependência deste e mediante salário.

Parágrafo único - Não haverá distinções relativas à espécie de emprego e à condição de trabalhador, nem entre o trabalho intelectual, técnico e manual.

Cabível destacar as determinações do artigo 3º, inciso IV, da Constituição Federal:

Art. 3º Constituem **objetivos fundamentais** da República Federativa do Brasil:

....

---

[30] **Fonte legal:** Art. 7º, *caput* e inciso XXXII, da Constituição Federal de 1988, e artigos 7º e 11 da Consolidação das Leis do Trabalho.

IV - promover o bem de todos, sem preconceitos de origem, raça, sexo, cor, idade e quaisquer outras formas de discriminação.

A redação do último artigo está em consonância com a redação do artigo 7º, inciso XXXII, da Constituição, referida no início deste capítulo em relação ao trabalho **intelectual**, **técnico** e **manual**, pois a proibição de qualquer forma de discriminação dá-se tanto em relação à vida particular das pessoas quanto à vida profissional.

Os estudiosos do direito do trabalho entendem que a distinção quanto ao trabalho pode ser feita, desde que tenha alguma **razoabilidade** ou não seja arbitrária, isto é, não tenha intenção discriminatória. É o que se pode constatar do fragmento de texto a seguir:

Proíbe-se a distinção que não assente num fundamento razoável. A distinção é lícita, desde que razoável, não arbitrária. A distinção é aceitável, é plenamente justificável quando não for discriminatória. (ROMITA, Arion Sayão. O acessonao Trabalho das Pessoas Deficientes Perante o Princípio da Igualdade. Curitiba: Genesis, p.186)[31].

Alguns trabalhos não podem ser realizados por certos tipos de pessoas, e isso leva a uma certa **preferência** de profissionais na sua realização, mas essa preferência não pode redundar em discriminação, tem que ser razoavelmente justificada.

São exemplos de preferência sem discriminação as seguintes situações:

- contratação de pessoas para execução de trabalho somente a pessoas acima de 18 anos, quando não se tratar de hipótese de trabalho **noturno**, **insalubre** ou **perigoso**[32].

- contratação de **estrangeiros** em situação irregular.

- contratação de pessoas no serviço público federal, estadual, distrital ou municipal, mediante o devido **concurso público**, com exceção quando houver necessidade de contratação para serviço de excepcional interesse público.

---

[31] Disponível em: https://dspace.uniceplac.edu.br. Acesso em: 10 nov. 2023.

[32] **Fonte legal:** Art. 7º, *caput* e inciso XXXIII, da Constituição Federal de 1988.

Nessa mesma linha de entendimento, a Constituição também veda a distinção entre o trabalhador com vínculo empregatício **permanente** e o trabalhador **avulso**[33], assegurando a ambos a **igualdade de direitos** trabalhistas ou de outra espécie, não podendo haver, portanto, qualquer discriminação quanto aos direitos de um em relação ao outro.

Pela óptica da igualdade, a Constituição, do mesmo modo, garante aos **trabalhadores domésticos**, no parágrafo único do seu artigo 7º, os direitos estabelecidos nos incisos que seguem literalmente transcritos:

- **IV** (salário-mínimo, fixado em lei, nacionalmente unificado)

- **VI** (irredutibilidade do salário, salvo o disposto em convenção ou acordo coletivo)

- **VII** (garantia de salário, nunca inferior ao mínimo, para os que percebem remuneração variável)

- **VIII** (décimo terceiro salário com base na remuneração integral ou no valor da aposentadoria)

- **X** (proteção do salário na forma da lei, constituindo crime sua retenção dolosa)

- **XIII** (duração do trabalho normal não superior a oito horas diárias e quarenta e quatro semanais, facultada a compensação de horários e a redução da jornada, mediante acordo ou convenção coletiva de trabalho)

- **XV** (repouso semanal remunerado, preferencialmente aos domingos)

- **XVI** (remuneração do serviço extraordinário superior, no mínimo, em cinquenta por cento à do normal).

---

[33] **Fonte legal:** Art. 7º, *caput* e inciso XXXIV, da Constituição Federal de 1988.

- **XVII** (gozo de férias anuais remuneradas com, pelo menos, um terço a mais do que o salário normal)

- **XVIII** (licença à gestante, sem prejuízo do emprego e do salário, com a duração de cento e vinte dias)

- **XIX** (licença-paternidade, nos termos fixados em lei)

- **XXI** (aviso prévio proporcional ao tempo de serviço, sendo no mínimo de trinta dias, nos termos da lei)

- **XXII** (redução dos riscos inerentes ao trabalho, por meio de normas de saúde, higiene e segurança)

- **XXIV** (aposentadoria)

- **XXVI** (reconhecimento das convenções e acordos coletivos de trabalho)

- **XXX** (proibição de diferença de salários, de exercício de funções e de critério de admissão por motivo de sexo, idade, cor ou estado civil)

- **XXXI** (proibição de qualquer discriminação no tocante a salário e critérios de admissão do trabalhador portador de deficiência)

- **XXXIII** (proibição de trabalho noturno, perigoso ou insalubre a menores de dezoito e de qualquer trabalho a menores de dezesseis anos, salvo na condição de aprendiz, a partir de quatorze anos)

- Integração à **previdência social** (INSS).

DO DIREITO À ASSOCIAÇÃO PROFISSIONAL
OU SINDICAL[34]

Tem o homem ou a mulher, na condição de cidadão/cidadã, o DIREITO CONSTITUCIONAL, como trabalhador/a, de junto com outros trabalhadores da mesma categoria, constituir livremente **associação** ou **sindicato** sem interferência do Poder Público na sua formação.

Em conformidade com as normas da Consolidação das Leis do Trabalho – CLT (artigo 511), a **associação** tem por objetivo o estudo, defesa ou coordenação dos interesses **econômicos** e **profissionais** de todos que fazem parte da categoria; não importando se são empregados, empregadores ou trabalhadores autônomos.

Todos têm o direito de associar-se, como forma de fortificação da sua classe. A associação ou sindicato é uma **pessoa jurídica de direito privado**, ou seja, de interesse exclusivo da categoria econômica ou profissional que a constituir.

De acordo com o artigo 53 do texto do Código Civil brasileiro, as **associações** são constituídas pela *união de pessoas que se organizem para fins não econômicos*.

Portanto, pelos ditames do Código Civil a **associação** tem por característica a preocupação com a organização profissional, através da reunião de pessoas que não tenham por finalidade fins lucrativos, podendo, portanto, ter um objetivo recreativo, esportivo, educacional, cultural, religioso ou beneficente.

Em relação ao **sindicato**, este é também uma espécie de associação profissional de direito privado, que representa uma determinada categoria profissional, existindo, portanto, sindicatos patronais e sindicatos de trabalhadores urbanos ou rurais.

São **prerrogativas** dos sindicatos, consoante frisa o artigo 513 da CLT:

---

[34] **Fonte legal:** Art. 8º, *caput* e inciso I, da Constituição Federal de 1988.

- representar, perante as autoridades administrativas e judiciárias os interesses gerais da respectiva categoria ou profissão liberal ou interesses individuais dos associados relativos à atividade ou profissão exercida.

- celebrar contratos coletivos de trabalho.

- eleger ou designar os representantes da respectiva categoria ou profissão liberal.

- colaborar com o Estado, na condição de órgãos técnicos e consultivos, na estudo e solução dos problemas que se relacionam com a respectiva categoria ou profissão liberal.

- impor contribuições a todos aqueles que participam das categorias econômicas ou profissionais ou das profissões liberais representadas.

A lei não pode exigir **autorização** de espécie alguma por parte do Estado, para a fundação de sindicato, exigindo-se tão somente, após a fundação do mesmo, o devido **registro** na Delegacia Regional do Trabalho-DRT.

No entanto, de acordo com os ditames do artigo 512 da CLT, apenas as associações profissionais **constituídas** e devidamente **registradas**, nos termos da lei, poderão ser reconhecidas como sindicatos, e investidas nas prerrogativas estabelecidas pela própria lei.

Em sendo assim, as associações profissionais registradas de acordo com as normas jurídicas em vigor, terão o **direito de representação**, perante as autoridades administrativas e judiciárias, quanto aos interesses individuais e coletivos dos associados, no que diz respeito à sua atividade ou profissão.

A Constituição também assegura ao cidadão, como trabalhador/a, o direito como associado ou filiado a um sindicato de sua categoria, à defesa dos seus direitos e interesses pelo próprio sindicato, quer se trate de direitos coletivos, quer se trate de direitos individuais, tanto em questões judiciais (perante a justiça), quanto em questões de natureza administrativa (junto a entidades públicas ou privadas)[35].

De ressaltar que é um direito constitucional do cidadão, não ser obrigado a filiar-se ou manter-se filiado a um sindicato, pois, a própria Constituição Federal, no seu Art. 5º, inciso XX, é taxativa: **ninguém poderá ser compelido a associar-se ou permanecer associado**.

---

[35] **Fonte legal:** Art. 8º, *caput* e inciso III, da Constituição Federal de 1988.

Portanto, todos os trabalhadores são livres para se vincular ou não, ou manter-se vinculados ou não a uma entidade associativa, seja de que natureza for. Isto dá-se em face da **liberdade de filiação** que goza o trabalhador. Conforme entendimento do Superior Tribunal de Justiça - STJ, o sindicato não pode compelir os não filiados a pagar-lhe contribuição assistencial, e nem obrigar aos filiados a permanecerem sindicalizados[36].

De anotar que o cidadão, como trabalhador filiado a sindicato, ainda que já **aposentado**, desde que ainda esteja filiado ao sindicato de sua categoria, tem o direito constitucional de **votar** e ser **votado** nas organizações sindicais.[37]

Ademais, estando em atividade, ou seja, não tendo feito ainda jus à aposentadoria, tem o cidadão, como trabalhador, o direito constitucional de não ser **dispensado** (demitido), quando candidato a qualquer **cargo de direção** ou **representação sindical** na empresa na qual trabalha, desde que se cogite de **empregado sindicalizado**.

Tal vedação de dispensa do empregado dá-se a partir do registro de sua candidatura, e caso seja eleito, ainda que somente como **suplente**, essa proibição de demissão do trabalho tem duração **até um ano** após o final do mandato; melhor dizendo, depois de terminado o mandato na direção ou representação sindical, passado um ano desse fato, é que poderá o empregado ser dispensado de suas funções na empresa. Cabendo destacar que ele, o empregado, poderá ser dispensado antes, se chegar a cometer alguma **falta grave**, nos termos da lei.[38]

A nossa Carta Magna assegura também ao cidadão, como trabalhador, o direito de poder fazer **greve**[39], competindo a ele, trabalhador, decidir sobre a oportunidade de exercer tal direito, e sobre os interesses que devam por meio dele (do direito de greve) defender.

Caso inexistisse o direito de greve poderia haver **achatamento salarial**, a ocasionar bolsões de miséria e total dependência do trabalhador em relação ao patrão. Sem salário justo não se pode falar em liberdade, já que a maior dependência é a **dependência**

---

[36] **Fonte legal:** Art. 8º, *caput* e inciso V, da Constituição Federal de 1988.

[37] **Fonte legal:** Art. 8º, *caput* e inciso VII, da Constituição Federal de 1988.

[38] **Fonte legal:** Art. 8º, *caput* e inciso VIII, da Constituição Federal de 1988, e Art. 543 da Consolidação das Leis do Trabalho-CLT.

[39] **Fonte legal:** Art. 9º, *caput*, da Constituição Federal de 1988, e Art. 723 da Consolidação das Leis do Trabalho-CLT, e Lei de n. 7.783/89 (que dispõe sobre o exercício do direito de greve).

econômica, e sem esta não se pode falar de liberdade, e sem liberdade não há falar em democracia.

O direito de greve não é absoluto, pois, segundo o parágrafo 1º do Art. 9º da Constituição Federal, a lei definirá os serviços ou **atividades essenciais** e disporá sobre o atendimento das necessidades inadiáveis da comunidade. Resultando desse preceito que nem todos os trabalhadores poderão exercer o profícuo direito de greve, quando se trata de serviços ou atividades que a sociedade não pode sobreviver sem eles.

Importa destacar que, nos termos do parágrafo 2º do artigo acima colacionado, os abusos cometidos no decorrer da paralisação (greve), sujeitam os responsáveis às penas da Lei. É um direito, porém, torna-se imprescindível que o cidadão saiba quando e como exercê-lo, sem que origine prejuízos a outros cidadãos.

O trabalhador, assim como o empregador (patrão), tem, pela Carta Constitucional, a garantia de poder participar ativamente nos colegiados (comissões, conselhos, assembleias, etc) dos órgãos públicos, desde que os referidos colegiados tenham por finalidade a discussão, ou alguma decisão, de interesse profissional ou previdenciário dos aludidos cidadãos.[40]

Finalmente, a nossa Carta de Direitos, assegura ao trabalhador, o direito de ser eleito pelos próprios pares (outros trabalhadores), como seu **representante** nas empresas com mais de **duzentos** empregados, tendo por finalidade exclusiva promover o entendimento direto com o empregador.

Não pode, no entanto, a empresa que tenha quantitativo de empregados superior ao citado número de duzentos empregados, negar a realização do antefalado pleito, já que a eleição do representante dos trabalhadores está devidamente assegurada constitucionalmente.[41]

---

[40] **Fonte legal:** Art. 10, *caput,* da Constituição Federal de 1988.

[41] **Fonte legal:** Art. 11, *caput,* da Constituição Federal de 1988.

Referências

BRASIL. **Constituição da República Federativa do Brasil de 1988**. Presidência da República. Casa Civil - Subchefia para Assuntos Jurídicos. Disponível em: *www.planalto. gov.br*. Acesso em 21 nov. 2023.

BULOS, Uadi Lammêgo. **Direito Constitucional ao alcance de todos**. 3 ed. rev. atual. São Paulo: Editora Atlas S.A, 2011.

CARVALHO, Kildare Gonçalves. **Direito Constitucional. Teoria do Estado e da Constituição. Direito Constitucional Positivo**. 11 ed. rev. atual. amp. São Paulo: Editora Del Rey, 2005.

CUNHA, Jr., Dirley da; NOVELINO, Marcelo. **Constituição Federal. Teorias, Súmulas, Jurisprudência e Questões de Concursos**. Salvador - Bahia: Editora Podivm, 2010.

MORAES, Alexandre de. **Constituição Federal interpretada e legislação constitucional**. 3 ed. rev. atual. São Paulo: Editora Atlas S.A, 2002.

MORAES, Alexandre de. **Direito Constitucional**. 29 ed. rev. atual. São Paulo: Editora Atlas S.A, 2013.

SILVA, José Afonso de. **Direito Constitucional Brasileiro**. 9ª ed. rev. e atual. São Paulo: Malheiros Editores, 1993.

SYLVIO, Motta., DOUGLAS, William. **Direito Constitucional para provas e concursos**. 5 ed. rev. amp. atual. Impetus. 1999.

STF. **Súmula vinculante n. 11**. Disponível em: *https://portal.stf.jus.br*. Acesso em 20 dez. 2021.

DADOS BIOGRÁFICOS

O autor, Inácio Antonio Gomes de Lima, nasceu na cidade de São José do Egito, Pernambuco, na data de 22 de abril de 1960, e quando começou a escrever, adotou como nome literário INACIÊ GOMES, posteriormente INÁCIO CIÊ. Desde cedo se dedicou à leitura dos grandes clássicos, debruçando-se nos livros de Machado de Assis, José de Alencar, Monteiro Lobato, Castro Alves, Gustav Flaubert, Oscar Wilde e outros.

Dedicou-se ao magistério secundário da Rede Municipal de Ensino, por escassez de professores, entre os anos de 1983 a 1987, na cidade de Itapetim, em Pernambuco, onde vive atualmente desde os nove anos de idade, pelo que veio a lecionar, durante anos, as disciplinas de Língua Portuguesa e Literatura, Direito e Legislação, OSPB e Moral e Cívica, no Magistério (pela manhã) e no Curso de Contabilidade (à noite).

Em 1987 concluiu o curso de Letras na Faculdade de Filosofia e Letras de Patos-PB, e Especialização em Letras pela Autarquia de Ensino Superior de Arcoverde-PE. Nesse mesmo ano, submeteu-se e fez jus a concurso da Rede Pública de Ensino Básico do Estado de Pernambuco, pelo que passou a dedicar-se ao magistério estadual até outubro de 2021, quando então se aposentou.

Durante o tempo em que se debruçou no magistério, com muito esforço, fez o curso de Direito na Faculdade de Direito de Caruaru, tendo-o concluído em 1997, assim como, Especialização em Direito Processual Civil pela Universidade Potiguar de Natal.

De 1 de agosto de 2008 a 4 de maio de 2016, lecionou no curso de Direito das Faculdades Integradas de Patos – FIP, de Patos, Paraíba.

Em 2015 defendeu tese de Mestrado em Ciências da Educação na Universidade Lusófona de Humanidades e Tecnologias – ULHT, de Lisboa, Portugal.

Em paralelo ao magistério dedicou-se à política, tendo sido eleito Vereador em 1988, no entanto, decepcionado abandonou-a em 1992, passando a dedicar-se integralmente ao magistério e à advocacia pública e privada. Assessorou várias Câmaras Municipais da região, na condição de assessor técnico e assessor jurídico; ocupou também os cargos de Assessor Técnico de Finanças, Secretário de Administração Geral e Procurador do Município do Governo Municipal local.

Há tempos que se dedica à leitura e escrita dos mais diversos temas: direito, política, educação, literatura, filosofia e outros. Escreveu os seguintes livros:

1) Direito em Reflexão: o Estado brasileiro e seus privilégios legais;

2) Direitos Humanos: sugestões para uma pedagogia de humanização na escola pública.

3) Direitos Constitucionais Fundamentais de Cidadania.

4) Antes do Amanhecer (poemas).

5) A cor do incolor (poemas).

6) Poemas da Vida Cotidiana (poemas).

7) Inquietações da alma (poemas)

8) O mundo dos mudos que falam, dos cegos que veem e dos surdos que ouvem (ficção).

EMAIL DO AUTOR:

- **iagdelima@yahoo.com.br**

www.ingramcontent.com/pod-product-compliance
Lightning Source LLC
Chambersburg PA
CBHW081844250726
48659CB00008B/2606